罗荣桓元帅

姚有志 ◎ 主编

民主与建设出版社
·北京·

©民主与建设出版社，2024

图书在版编目（CIP）数据

红色将帅．十大元帅．罗荣桓/姚有志主编．—北京：民主与建设出版社，2017.1（2024.8 重印）

ISBN 978-7-5139-1164-1

Ⅰ．①红… Ⅱ．①姚… Ⅲ．①罗荣桓（1902-1963）－生平事迹 Ⅳ．①K825.2

中国版本图书馆 CIP 数据核字（2016）第 270918 号

红色将帅．十大元帅．罗荣桓
HONGSE JIANGSHUAI: SHIDA YUANSHUAI: LUO RONG HUAN

主　　编	姚有志
选题策划	梁　洁
责任编辑	王　越
特约编辑	胡艳红　肖贵辉
封面设计	罗四夕书籍设计工作室
内文设计	逸品文化
出版发行	民主与建设出版社有限责任公司
电　　话	（010）59417747　59419778
社　　址	北京市海淀区西三环中路10号望海楼E座7层
邮　　编	100142
印　　刷	文永印刷河北有限公司
版　　次	2017年6月第1版
印　　次	2024年8月第2次印刷
开　　本	710mm×1000mm　1/16
印　　张	10
字　　数	84千字
书　　号	ISBN 978-7-5139-1164-1
定　　价	26.80元

注：如有印、装质量问题，请与出版社联系。

目 录

003 ○ 有欢有忧的童年
007 ○ 勤奋好学的"书呆子"
011 ○ 勇于接受新思想的少年
014 ○ 求学于长沙
017 ○ 边读大学边参加反帝斗争
020 ○ 红军党代表
025 ○ 实行民主制度
033 ○ 刀下留人
036 ○ 逆境显本色
043 ○ 开辟晋东北
047 ○ 开创晋西南
055 ○ 率兵进山东
062 ○ 发起梁山战斗
075 ○ 提出"六字方针"
081 ○ 微山湖畔　力挽狂澜
088 ○ 留田突围

098 ○ 创造"翻边战术"

102 ○ 抱病任职

107 ○ 发动大反攻

111 ○ "真正的英雄"

125 ○ 参与指挥辽沈战役

137 ○ 首任解放军总政治部主任

142 ○ 反对教条主义

147 ○ 不要特殊照顾

150 ○ 以无比坚强的毅力同疾病作斗争

153 ○ 毛泽东悲痛逾常

开国元帅罗荣桓

在井冈山,他的政治工作经常得到毛泽东、朱德的赞扬。他对班长黄永胜耐心说服教育,使黄承认了打人不对的错误。"罗政委刀下留人……"毛泽东回忆道:"我倒霉时,他也跟着我倒霉。"他率部创建晋西南抗日根据地,与陈光指挥部队一伏歼灭日寇千余人。他率部东进时,儿子出生,不假思索地给儿子起名叫东进。一个关于他的鲜为人知的重大战绩。在战争中他常为眼镜坏了而苦恼,一天他意外地得到一副眼镜……他尿血不止,对妻子林月琴说,"我要争取再活五年,打败日寇。"身染重病的他,率部挺进东北。他力劝林彪打锦州。他对林彪的"顶峰"论不赞成,对林彪提出的"活学活用"、"立竿见影"等提出了异议。他临终前拉着妻子手说:"我死以后,分给我的房子不要再住了,搬到一般的房子去,不要特殊……"他逝世后,毛泽东几天几夜不能安寝。

有欢有忧的童年

罗荣桓1902年11月26日生于湖南衡东县鱼形南湾，在兄弟姊妹8人中，排行第六，乳名宗人。读高小时，一位国文教师见他长得魁梧，取《诗经·鲁颂》"桓桓于征"之意，为他改名荣桓。

罗荣桓的故乡南湾，是一个比较偏僻的四面环山的

▼ 罗荣桓故居

小盆地。土质肥沃,风调雨顺,气候宜人,不仅盛产稻谷茶油,而且山清水秀,风景优美。南湾八景,是我国有名的风景区南岳衡山整个名胜的一个组成部分。沿南湾小溪逆走几百米,有个新大屋名叫旗杆屋场,这就是罗荣桓出生的地方。在罗荣桓3岁的时候,他们一家搬到了南湾街上的异公享祠居住。

罗荣桓出生的时候,正值20世纪的开端,中国已完全沦为半殖民地半封建社会。帝国主义勾结封建势力,对中国人民进行最野蛮、最残酷的掠夺和压迫,革命人民不断地起来进行反抗。1909年,湖南饥民靠吃树皮、挖草根,勉强度日,到树皮被剥光,草根被挖尽时,便纷纷流向长沙等大城市以要饭求生。妇女无处行乞,母子相抱而哭,或将三五岁幼儿忍心抛弃。卖儿卖女的事更为常见。罗荣桓看到南湾人民苦难的生活状况,内心里极为同情。

罗荣桓的祖父罗汇吾,一生以教书为业。罗荣桓的父亲罗国理自幼跟他读书,成绩不错,还写得一手好字,无论是颜体、柳体、欧体、赵体,都临摹得很像。因此,每年春节到来之前,街坊邻居便拿着大红纸来请他写春联。他有求必应,满足邻居们的要求。

罗国理不到20岁时,父亲就去世了。他继承父业,当了几年启蒙老师。这时正是清朝末年,国弱民穷,能念得起书的人家越来越少了。罗国理一年也收不了几两银子的酬金。后来他向本家一位兄弟借了8吊铜钱,在南湾开了个"水隆杂货铺",后来又兼卖中药。从此亦商亦农,以商为主。渐渐地家道好转,并买了一些田产,当了罗氏的族长和乡里的团总,成为南湾的乡绅。1908年以后,因为当地赌痞旷甲林制造了一个火烧戏台、害死人命的假案,诬为罗国理所作,罗国理打了几年官司,花费了1000多两银子也没有把官司打赢,家当为之一空。幼年的罗荣桓经常看见府县兵勇持枪前来大吵大闹,使父亲受到许多凌辱。这些,在罗荣桓幼小的心灵上留下了痛苦的烙印。

　　罗荣桓的母亲姓贺,娘家极穷,世代都是长工。她为人宽厚、善良、勤劳又很坚强。幼年的罗荣桓不喜欢走亲戚,唯独对舅舅家却常来常往。每逢母亲要送点盐米接济舅舅家,罗荣桓就自告奋勇去跑腿。舅舅家有位二舅妈,会唱悦耳的山歌,会讲动人的故事,他一到那里,常常搬个小凳子坐到二舅妈身边,和两位表哥一道听二舅妈讲故事或听山歌。有一次,二舅妈唱了一支当时在衡山农村普遍流行的《十二月歌》:

　　　　正月欢欢喜,
　　　　二月冒(没有)粒米。

三月餐糊餐，

四月难过关。

五月没奈何，

六月盼早禾。

七月租一送，

八月粥清清。

九月米桶空，

十月借过垄。

十一月当棉被，

十二月打毛（冻得起鸡皮疙瘩）。

这首凄凉悲惨的山歌，深深地打动了罗荣桓幼稚善良的心，晶莹的泪水顺着他那胖嫩的脸颊往下流。他不理解为什么农民一年到头辛辛苦苦，却仍然没有饭吃。他听完山歌，便问起二舅妈，可二舅妈却叹了一口气说："这是命苦呀！伢子，命中注定八合米，走遍天下不满升。"童年的罗荣桓既然找不出其他答案来，也只好相信二舅妈的话了。

在舅舅家，他和两个勤劳刻苦的表哥一起上山砍柴、割草、放牛、翻红薯藤，学会了不少农活。他们玩得也痛快，一起爬树，洗冷水澡，抓鱼，捉蛇，享受到了童年的欢乐。

勤奋好学的"书呆子"

8岁那年,父亲把罗荣桓送进了私塾。

压抑的环境,陈旧的内容,毫无生气的教学方式,让学生们提不起精神。刚开学时,孩子们有一种畏惧感,不得不老老实实遵守规矩。几天之后,孩子们觉得实在没意思,就开始琢磨老先生的活动规律。

孩子们发现,老先生讲一会儿课,就要出去一次。出去的时间有长有短。他出去干什么?起初,孩子们仅仅是疑问,后来,有胆大的孩子就乘老师不在时,偷偷溜出学堂,侦察老先生的活动。原来老先生是跑回自己住的地方,喝茶、抽烟、聊天去了。于是,学生们正好利用这个机会干自己喜欢的事。为了提防被先生发现,坐在门口的孩子就承担起放哨的任务。

罗荣桓早就跟父亲学会了《三字经》等书上的字。他对老先生的讲课方式也不感兴趣。课堂上没有什么新鲜东西吸引他,他就自己找乐子,有时候跟同学们一起

讲故事，有时候自己叠纸玩具。他干什么事都特别专心。有一天，先生出去了，罗荣桓拿出一张新宣纸，很快就叠起一只精巧的小纸船。他叠得正专心的时候，同学们的读书声响起来了。罗荣桓没意识到先生来了，继续欣赏自己的杰作。

愤怒的老先生把罗荣桓叫到讲台前，让他伸出手来，手心向上，狠狠地打了一顿竹板子。放学时，罗荣桓的手已经肿得像蘑菇一样了，他气愤地回家了。回家后，手掌钻心地疼痛，连筷子都拿不住。罗荣桓性格内向，平时遵守纪律，不调皮捣蛋。这次挨打，使他感到受了莫大的侮辱。

有了一次教训之后，罗荣桓在课堂上再也不干其他事情了。他爱学习，尽管老先生讲的那些东西他都会了，但还是认认真真地学。再遇到老先生离开教室时，别的孩子照样玩，而罗荣桓则认真学习。后来，他认的字多了，开始自己找书读。他家已有两代读书和教书的历史，所以，家里有不少藏书。罗荣桓在爷爷的藏书中，发现了《三国演义》、《水浒传》、《东周列国志》等历史小说。他如获至宝，每天捧着这些书读。在学堂里，先生不在的时候，别的孩子继续玩闹，而罗荣桓则自己看书，不管多么吵闹，都不会干扰他读书。

罗荣桓读书入了迷，上学时除了完成先生教的任务外，就是看古典小说。放学回到家中，有活儿他就帮着干点，没活儿就自己躲到一旁看书。有一个夏日的中午，家里人都午休了，他拿了一本书到池塘边去读。地上蚂蚁和小虫子太多，他就爬到一棵伸入池塘的树杈上。由于读书过于用神，他竟忘记了自己是在树杈上，读着读着，就从树上跌下来，掉进了池塘里。在塘边树阴下休息的人，被池塘里"咚"的一声巨响吓醒了，睁开眼睛一看，发现罗荣桓正从池塘里向上爬。身上的衣服，手中的书都弄湿了。人们七手八脚把罗荣桓从水中拉上来。从此，乡里人都称他为"书呆子"。

封建社会的中国农村很重视礼节。特别是乡村的大户人家，从孩子很小的时候，大人就教给他们一些繁文缛节。罗家是当地的大户，罗国理又是头面人物，他家就更讲究礼节。商人的习惯，也使罗国理对人特别客气，他也要求儿子们这样。可是，倔犟的罗荣桓不喜欢这些没有用的客套。他觉得这是浪费时间。每逢有客人来，父母总是客气地招待，还招呼孩子们出来说说客气话，帮助父母应酬应酬。家里别的孩子不敢违抗父母的命令，而罗荣桓则不愿意干这些事。一有客人来，他就扭身进书房去读书了。有些重视礼节的客人，好心地对罗国理说，你这个儿子光知道读书，将来别读成个书呆子。罗国理把这话说给儿子听。罗荣桓根本不在乎人家

说什么。反正他喜欢读书，觉得读书并没有什么错误，也没碍着别人什么事。人家愿意说，就让人家去说吧。

辛亥革命之后，中国农村开始办起大量新学校。1914年，在罗荣桓家附近的壶山享祠，一个叫罗炳文的人办起了一所新式小学，学校的名字叫罗氏岳英小学。办校者曾经在省城进过洋学堂，接受过新文化的教育，所以，学校开设的课程，除了国文，还有算术、地理、历史、博物、体操、音乐、图画等课程。罗荣桓父子都愿意接受新思想。这所小学开始招生不久，父亲就领着罗荣桓来到岳英小学报名。罗炳文是个国文功底很厚的人。他见罗荣桓个子长得高，性格沉稳，称他是将来干大事的材料。当问起他的名字时，罗国理报出了儿子的名字。罗炳文称，原来的名字不好听。罗国理请求校长为儿子取一个名字。罗炳文略作思索，就在一张纸上写下了"荣桓"两个字。罗国理点了点头，算是承认了。

勇于接受新思想的少年

新小学的教育方针是学以致用,号召学生们把所学的算术、自然、博物、历史等知识和现实生活联系起来。罗荣桓是个学习和办事都很认真的学生。他一方面把老师教的内容努力学懂,一方面又寻找使用的机会。

罗荣桓响应老师的号召,学习中坚持联系实际。学习了自然知识后,他了解到地球是圆的而不是方的;是地球、月亮围绕太阳转,而不是太阳围绕地球转;人是通过生育一代接一代往下繁衍的,而不是神造的;人死之后,意识也就消失了;世界上根本没有离开肉体独自游走的魂灵,那些关于鬼神的说法,都是封建迷信思想。

接受了这些知识,罗荣桓就觉得镇子上的人封建迷信思想太多了,应该破除迷信。他学习自然知识期间,碰巧是人们上庙的日子。在南湾镇的北头有一座关帝庙,里面供奉的是关公。每当上庙的日子,就有许多人

开国元帅 **罗荣桓**

来拜关公。人们拜关公的目的是让他保佑自己平安。罗荣桓通过学习认识到，保护安全主要靠自己，关公什么问题也帮你解决不了。可是，人们早就把关公神化了。庙中的关公泥像，被人们说得神乎其神，人们只能供奉，不能有任何一点的不敬。谁要是对关公塑像有一点的不敬，准会遭受惩罚。即使到庙里用手指一指关公的塑像，也立刻会肚子痛。罗荣桓不信这些，就想试验一下。

有一天，罗荣桓邀了一个好朋友，拿了一只粪筐，装了半筐子猪粪。他先到庙里进行侦察，发现里面没有人，就把关公塑像肚子里的米糠掏出来，然后，把半筐猪粪倒了进去。

第二天，又是一个拜关公的日子。男男女女的信徒从周围村庄赶来。罗荣桓和他的好友躲在大庙的一个角落里偷看。只见人们进庙之后，摆上供品，烧上一炷香，恭恭敬敬地磕头。拜了好一阵，有一个人小声说："怎么关公身上发出这么大的臭味？""不能说，这么说要肚子痛的。"一个人警告道。一个小男孩跟着说："就是很臭嘛。"这时，一个高个子成年人站起来靠近关公塑像，伸着脖子一看，惊讶地说："关公肚子里全是猪粪，怎么能不臭呢？"听到这话，一个人愤怒地说："你敢说关公肚子里全是猪粪，会遭雷劈的。""本来嘛，不信你自己看一看。"那个人过来看了看，发现关公肚子里确实没什么好东西。可是，他假装深沉，只是说："罪孽，罪孽。谁干这种缺德事，要遭报应的。"听到这些无可奈何的谈论声，罗荣桓和他的伙伴悄悄溜出了大庙。事后，什么报应也没发生。从此，南湾小镇和三乡五里的人们，都知道关帝庙并不灵验，拜它一点用也没有，靠它还不如靠自己。

后来，小学里的学生们问罗荣桓，关公肚子里的猪粪是不是他放的，他只是笑着摇摇头。

14岁那年，罗荣桓高小毕业了。这个关心国家大事、一心想着将来为民族做大事的孩子，要求到长沙读中学。可是，当时正处在军阀混战期间，湖广一带的百姓惨遭兵祸，数百万人流离失所。在这兵荒马乱的年头，谁家的父母也不愿让孩子一个人到外面去冒险。所以，父母坚决不同意罗荣桓去长沙读书。

求学于长沙

1919年夏天,北方军阀打败了南方军阀,张敬尧暂时统治了湖南,局势相对平静了一些,父母才同意他去长沙读书。于是,罗荣桓带着行李,离开了他生活十几年的南湾镇,到长沙求学。

他所进的学校为谊群补习学校,不久改名为协均中学。柳直荀是这所学校的创办人之一(柳直荀是湖南长沙人,早年参加过新民学会的活动,毕业于长沙雅礼大学。1923年加入中国共产党,1927年8月参加南昌起义,后到湖北等地从事党的地下工作。曾任湖北省委书记、红6军政治委员。1932年9月,在湖北监利县牺牲。1957年,毛泽东在所作《蝶恋花》一词中,表达了对柳直荀烈士的怀念)。

长沙,这个三湘名城、楚国都会,自19世纪末开始到1919年"五四"运动发生,一直是新旧思想斗争激烈的场所。五四运动之后,毛泽东等先进的知识分子,把提倡科学和民主的新思潮传遍了长沙,所以协均中学的进步思想也比较浓厚。当时雅礼大学出版的《新湖南》杂志是协均中学学生的主要读物。罗荣桓从南湾乡下来到长沙,新思潮、新事物对他影响很深。湖南蓬勃发展的工人运动使他受到极大的鼓舞,进一步认识到民众大联合的力量,并且积极参加了反帝反封建的群众运动。

▲ 中学时代的罗荣桓

1923年3月,罗荣桓和同学们一道,在柳直荀带领下参加了长沙各界6万多人要求归还旅顺、大连,否认"二十一条"的示威游行。4月,以郭亮为主席的"湖南外交后援会",号召对日本实行经济绝交。罗荣桓又走向街头积极参加了演讲和搜查日货等活动。

6月1日,日本水兵在湘江边向进行爱国活动的群众开枪,打死2人,打伤数十人,制造了震惊全国的"六一"惨案。日本水兵的暴行,激起了长沙各界群众的义愤。罗荣桓积极投身到反日爱国运动中去。他参加了6月1日当晚和第二天工人、学生抬着被害工人、学生尸体举行的大游行,参加了6月4日的追悼大会和会后向省政府的请愿。继张敬尧、谭延闿执掌湖南大权的临时省长赵恒惕宣布实行戒严令,准备镇压群众。罗荣桓也被列入"不法学生"的黑名单,被迫离开长沙回家乡。

以前他回乡,都是乘坐日本戴生昌公司的小火轮。为了响应外交后援会对日实行经济绝交的号召,这次他弃船不坐,步行回乡,一连走了好几天才回到家里。

到家后,父亲要他暂时停学,等局势好转后再说。罗荣桓没有接受父亲的意见,过几天又到长沙去了。

1923年夏,罗荣桓到了北京。在崇文门外骡马市大街烂漫胡同湖南会馆的补习学校里,补习了一年,准备报考大学。

边读大学边参加反帝斗争

1924年6月,罗荣桓考取了青岛大学预科班,7月,来到青岛上学。罗荣桓想当工程师,希望走科学救国的道路。他知道在经济困难的条件下,父亲拿出一点钱供自己读书不容易,所以,很珍惜时间,力争多学一些知识。可是,山河破碎,帝国主义侵略中国日甚一日。国内军阀混战此起彼伏,没有一处可以安静地读书。青岛是日本人侵略的重灾区,这里是中国的土地,人们却处处遭受着日本人的欺压。

1925年4月,青岛3万多名工人发动罢工。军阀遵奉日本主子的旨意,包围工厂,枪杀工人,逮捕工会负责人,激起全市人民的抗议。学生们积极行动起来,支援工人,抗议日本人和卖国贼的野蛮行径。罗荣桓是学生运动的主要组织者。在青岛期间,他一方面抓紧时间读书,一方面积极参加反抗帝国主义的政治斗争。他逐渐明白,在帝国主义侵略下,靠实业救国仅

仅是个梦想。

1926年6月，罗荣桓在青岛预科班毕业了。他和另一名同学南下广州，准备投考中山大学。罗荣桓在广州期间，报考中山大学的目的没有实现，却受到轰轰烈烈的资产阶级民主革命运动的影响。当时，北伐战争正如火如荼地发展着。如果不是眼睛近视，他一定会投考黄埔军校的。受革命思想影响，在广州呆了一段时间后，罗荣桓就回湖南参加农民运动了。

他在湖南呆了几个月后，于1927年初接到了武昌中山理学院招生的消息。这个内心希望学习的青年，又来到武昌，进入理学院学习。可是，他来到武昌不久，就发生了"四一二"反革命政变，接着，又发生了夏斗寅叛变、东北军阀张作霖进兵河南等一系列事件。

形势越来越严重。在共产党内，毛泽东、蔡和森、董必武等人主张发动工农武装暴动，与国民党右派势力展开武装斗争。7月，形势更加明朗，蒋介石已经全面走向反动，资产阶级民主革命失败。已经开始认清社会实质的罗荣桓，毅然放弃了当建筑师和实业救国的梦想，决定参加革命。他在武昌给家中写了两封信，一封写给父母，告诉他们再也不要来信了，此后他将没有固定的地点，来信也收不到了，同时，告诉他们帮助赡养他们为其包办的妻子；另一封信写给封建包办婚姻促

成的妻子，希望她改嫁，他不知何日才能回家，也许把整个生命都将献给所从事的事业，所以，不要再等了。信发出后，罗荣桓就义无反顾地投身到革命武装斗争中去了。

红军党代表

1927年4月,罗荣桓积极参加了声讨夏斗寅、许克祥叛变的集会游行,街头演讲、化装宣传等活动。同年5月,罗荣桓加入了共产主义青年团,担任武昌中山大学支部组织干事,不久转为中国共产党党员。

1927年7月15日,武汉的形势日趋危急,汪精卫宣布"清共",公开叛变革命。罗荣桓受中共湖北省委派遣到通城县从事农民运动,组织通城农民自卫军。"八七"会议之后,他遵照中共湖北省委制定的关于秋收暴动计划,指挥农民自卫军夺取了通城县城。

8月底,罗荣桓等率领通城、崇阳农民自卫军到江西修水,编入国民革命军第4集团军第二方面军警卫团。农民武装编为该团特务连,谭希林任连长,罗荣桓任党代表。

9月初,毛泽东和中共湖南省委领导湘赣边秋收起义。罗荣桓等带领特务连随警卫团(编为工农革命军第

1团）参加了秋收起义。

起义受挫后，罗荣桓改任团部参谋，仍随特务连行动。起义部队于9月20日集结在浏阳县文家市，这时，按照毛泽东的建议，改变打长沙的计划，转向湘赣两省边界的农村进军。在文家市，罗荣桓第一次见到毛泽东，听了毛泽东讲话，坚定了革命的信心和勇气。

9月29日起义部队到达江西省永新县三湾村，部队按照毛泽东的意见进行了整编，将1个师缩编为1个团，毛泽东宣布将党支部建在连上，班设党小组，连以上各级设党代表，营、团建立党委，这一具有历史意义的决定，确立了党对军队的领导。罗荣桓任特务连党代表。他作为红军第一批连队党代表之一，参与创建人民军队连队政治工作，开始了人民军队连队政治工作的实践。

10月22日，部队到达大汾，在一个阁楼上举行了特务连8名新党员的入党宣誓仪式，在连队发展了红军的第一批士兵党员，使"支部建在连上"开始落实。对此事，罗荣桓非常重视。后来，他在谈古田会议与我军政治工作时回忆道："党的支部建在连上，小组深入到班排，现在看起来没有什么，但是从总结历史经验来看，意义是伟大的。大革命时期的国民革命军中，也有些党代表是共产党人，有的部队也有我们党的组织，但

并没有把党的基层组织深入到连队去。陈独秀不重视军事工作，甚至反对军事工作，放弃党对军队的领导，致使后来党代表都被赶出来了，主要原因就是没有建立党的基础……毛主席提出支部建在连上，小组设在班排，与群众直接联系，这对于加强党对军队的领导起了决定的作用。"

1928年初，罗荣桓任第3营第9连党代表。他和连长率9连参加了由毛泽东亲自指挥的遂川战斗。在遂川，罗荣桓带领全连官兵认真执行毛泽东规定的三项纪律，分散到各圩镇，深入发动群众。打土豪之前做细致的调查研究，打土豪后注意将土豪的浮财分给群众。在工作中，罗荣桓还纠正了有些战士一度出现的烧屋等受盲动主义影响的错误行为。罗荣桓等在遂川的实践为我军做好群众工作积累了最初的经验，开始建立新型的军民关系。

同年4月，毛泽东率领的秋收起义部队和朱德、陈毅率领的南昌起义部队余部及湖南起义农军会师，合编为工农革命军（后改称工农红军）第四军，罗荣桓任第31团第3营党代表。朱毛会师，军威大震，5～6月间，连续打败敌杨如轩第27师和杨池生第9师的两次"进剿"，兵力扩大了一倍。我军三大任务、三大纪律六项注意等建军原则和十六字诀等游击战的原则都陆续总结出来，罗荣桓在井冈山这所军事大学中，也迅速成长为优秀的红军党代表。

1929年初，罗荣桓随红四军下山，挺进赣南闽西。从6月到年底，他出席了红四军第7至第9次代表大会。在此期间，他还参加了毛泽东为起草古田会议而召开的各次座谈会，积极反映部队情况，提出如何做好政治工作的建议。在古田会议上，罗荣桓以观念正确，斗争积极，经前委介绍当选为前委委员。

古田会议后，罗荣桓调第2纵队任政治委员，他和纵队司令曾士峨、政治部主任罗瑞卿等认真贯彻古田会议决议精神，领导全纵队经过几个月努力，各级党组织健全了会议汇报制度，发挥了党支部战斗堡垒作用。原先存在的少数军官打骂士兵、枪毙逃兵的军阀主义行为和赌钱、抽大烟等流氓行为得以彻底肃清，部队战斗力大大提高。

1930年3～4月，第2纵队在赣南分兵发动群众过程中，又总结出了一套比较成熟的群众工作七部曲，即：第一步分发土豪的谷物给贫农以发动群众；第二步进行口头、文字宣传、化装讲演、召开群众大会以宣传群众；第三步建立工会、农会以组织群众；第四步组织赤卫队以武装群众；第五步建立党组织以领导群众；第六步举办群众领袖、党的干部训练班以训练群众；第七

步分配土地，建立工农民主政权。这七步，每一步都要进行调查研究，使调查研究贯穿于群众工作的全过程。罗荣桓出色的工作，得到了前委的赞扬。

实行民主制度

1928年4月下旬,朱德、陈毅率领南昌起义余部和参加湘南暴动的农军进入井冈山地区,同井冈山部队会师,成立了中国工农革命军第四军,不久改称工农红军第四军。7月间,井冈山根据地发展到了全盛时期,成立了湘赣边界及所属永新、宁冈等五县的革命政府。红军兵力也扩大了一倍。

罗荣桓也随着红军的成长而成长起来。他积累了丰富的连队政治工作经验,为人民军队政治工作的创建做出了自己的贡献。他所领导的第31团第3营工作很出色,经常得到毛泽东、朱德等同志的赞扬。

评价一个党代表,主要是看他所在的部队工作的优劣。而对一个部队的考核,不仅要看打胜仗的时候,还要看他在逆境和挫折中的表现。罗荣桓很快就迎接了这样一种考验。

8月间,28团、29团在湖南省的茶陵、酃县一带

活动。29团绝大部分官兵都是湘南起义的农民，家乡观念比较浓厚。他们看到离家乡近了，提出要"回家割稻子"。于是，这个团的士兵委员会便越权下令："打回湘南去！"随军的湖南省委代表支持这一行动。朱德、陈毅劝阻无效。7月17日，28团随29团之后，到湘南去了。不久，29团被打散，这便是"八月失败"。

在井冈山的毛泽东得知这一情况后，便召开干部会议，决定留31团1营和32团守山，亲率3营南下，去接28团回山。于是，3营长伍中豪和党代表罗荣桓便率3营随毛泽东冒着酷暑出发，一路翻山越岭，赶到桂东县境。在一个夜间，突然遭到敌人袭击，部队被冲散。罗荣桓在队伍后面负责收容，同毛泽东、伍中豪都失去了联络，心里非常焦急。天亮后集合队伍时，他看到毛泽东、伍中豪还有各连队伍陆续到达集合地点，心里的一块石头才落了地。伍中豪命令各连整队清查人数，只丢了一个担架兵。9月下旬，部队返回井冈山。罗荣桓发现，在桂东丢掉的那个担架兵早就返回井冈山了。3营这次远征湘南，行程数百里，打了十几仗，却没有一个开小差的，创造了巩固部队的纪录，成为拖不垮、打不烂的红色铁军。

然而，"八月失败"这一次考验比起后来的向赣闽西进军来，又算不得什么了。

1929年1月，为了粉碎敌人对井冈山根据地的"会剿"，毛泽东、朱德率领红四军主力下山，在强大敌人尾追之下，披荆斩棘、爬冰卧雪，走了一千多里路，同追兵打了几十仗。其中有几仗，队伍已被敌人冲散，在摆脱追兵的行进中，又散而复聚……3营在这一严峻的考验之中，不仅绝少开小差的，而且难能可贵地保持了旺盛的战斗情绪。在2月10日旧历新春之际，又英勇顽强地投入了全歼敌军800余人的大柏地战斗。这再一次证明，它是一支拖不垮、打不烂的红色铁军。

要问部队何以如此巩固，原因是多方面的。支部建在连上，对部队进行了强有力的政治工作是许多因素中的重要因素。

在巩固部队方面，罗荣桓按照毛泽东的指示，扎扎实实做了大量工作，其中最重要的一条是肃清封建残余，提倡民主主义，尊重士兵人格，不打骂士兵。这从现在的眼光看，似乎是理所当然，不足为奇，但在当时讲，却是一个创举。

当时，红四军的主力28团和31团都是由国民革命军脱胎而来的。这些部队虽然经受了大革命的洗礼，但军官中军阀主义习气仍然相当严重。他们认为，"三句好话不如一个巴掌"，"马鞭子下面出好兵"。官长打骂

士兵，老兵打骂新兵，几乎成为家常便饭。罗荣桓对这种作风非常看不惯。参加秋收起义以来，他从来没有打骂过士兵。士兵有了过失，在批评时连重话也很少。他常常说：响鼓不用重锤敲。对下级和士兵，他总是循循善诱，耐心启发诱导。他为了扭转打骂士兵的坏习气，在3营进行了不知疲倦的斗争。

1928年初冬，3营驻在永新。一天傍晚，刮起了凛冽的西北风，气温急剧下降，池塘里结上了一层薄冰。9连4班放哨回来，因为班里的柴火烧完了，又没有派战士去拾柴火，无火可烤。大家都钻进稻草堆。一个个瑟瑟缩缩地当了"团长"，冻得怎么也睡不着。一位俘虏过来的永新籍战士建议烧老乡一点稻草来烤火。班长

▲ 江西省永新县三湾村全景

黄永胜简单地告诉他："老乡的东西不能动！"这位战士耸着肩膀，缩着脖子，双脚在地上来回跳动，把两只手放在嘴边哈气，无可奈何地出屋去了。不一会儿工夫，这位战士抱了一捆柴火高高兴兴地进了屋。他一面大声招呼大家来烤火，一面抽出一把柴，蹲在地上烧了起来。黄永胜从稻草堆里坐起身来，责问他："你这柴火是从哪里来的？"

这位战士抬起头，眨巴眨巴眼说："是从老表院子里抱来的。"

黄永胜没有好气地说："快给我送回去！"

这位战士没理他，仍然蹲在那儿往火堆里加柴。

黄永胜猛然从铺上爬起来，几步走到战士跟前，把

手中的柴火一把夺过来扔到地上,然后再次命令他把柴火送回去。这位战士仍然蹲在那里,呆呆地看着那快要熄灭的火堆,一动也不动。黄永胜火了,大声骂道:

"他娘的,你耳朵聋啦?"

这位战士不服,站起身来和黄永胜顶嘴。黄永胜感到触犯了他的尊严,顺手打了他一个耳光。这位战士没有还手,捂着脸扭过头像孩子一样伤心地哭了起来。

屋里其他战士听到班长和这位战士争吵,都愣愣地坐在铺上。看到班长打了人,也不敢说班长的不是,都去批评那位挨了打的战士,说他不该违犯群众纪律,不该顶撞班长。但是他们那惶惑的目光却流露出对班长的不满。为了打破僵局,另一位战士将柴火抱走了。等他回来后,黄永胜向全班训话。他引用了过去在警卫团学来的一句话说:

"军人以服从命令为天职,今后大家都要服从命令!"

他训完话便命令熄灯睡觉。一时间,屋子里只听到那挨打战士不时发出的抽泣声。这时风住了,又下起了绵绵细雨,那滴滴答答的雨声,彻夜也没有停歇。

第二天一早,雨仍然不住地下,天气阴冷而潮湿。罗荣桓打着雨伞来到9连连部,连长忙招呼他坐下烤火。罗荣桓一面同连长聊天,一面脱下潮湿的上衣放在

火上烤。那衣服上的虱子碰到热气，纷纷掉进火里，响起一阵阵轻微的噼啪声。罗荣桓听连长汇报了黄永胜打人的事，便命令传令兵去把黄永胜找来。

黄永胜进屋，看到罗党代表，拘谨地敬了一个礼。罗荣桓招呼他坐下，然后单刀直入地问他："听说你昨天晚上打人啦？你何事打人啊？"

黄永胜辩解道："那个战士违犯了群众纪律，又不服从命令，我才打了他一巴掌。"

罗荣桓边听边披上已经烤干的上衣，耐心地听完黄永胜的话，说："哦，这么说你打人是对的喽！"他把手放在火上烤着，停了一会儿，又抬起头来看看黄永胜，"我问你一个问题，不知道你想过没有。你当班长，如果不打人，有没有法子把全班带好？"

黄永胜答不上来。

"怎么？你没有想过吧？我再问你，如果你是当兵的，犯了一点错误，班长把你打一顿，你心里会好受吗？"

黄永胜低下脑壳，一句话也说不出。

罗荣桓接着耐心地说："毛委员再三讲，靠拳头来代替教育，那是不能解决问题的。同志们有了缺点和错误，要反复向他们讲道理，使他们明白为什么错了。要以理服人，不能以力服人。口服不如心服，只有心服

了，才能自觉遵守纪律。你今后无论如何也不要打人了。你回去好好想一想，看看我讲的道理对不对。"

在罗荣桓的耐心教育下，黄永胜承认了错误。

刀下留人

1930年8月,总前委正式任命罗荣桓为红四军政委。

1、3军团会师后去攻长沙,不克。在朱德、毛泽东率领下,部队转移到江西。10月下旬,传来蒋介石调集重兵准备对红军发动"围剿"的消息,毛泽东决定首先进行战略退却,诱敌深入根据地,再选择有利地形和时机,消灭敌人一路。

当部队撤退到宜黄、宁都一带时,各军先后开展了肃清AB团的斗争。

这是在红军中开展的第一次肃反斗争。由于党中央的错误指导,对敌情的错误估计,加上没有经验,没有正确的政策和方法,斗争一开始便出现了扩大化的倾向,出现了乱捕乱杀的现象。连红四军政治部的几个部长、科长也被抓起来了,在临时监狱里还关押着从10师押解来的两个刚刚14岁的小勤务兵。对他们也是严刑拷打,准备杀掉。

正在部队检查反"围剿"准备工作的罗荣桓,听说抓人、杀人的情况后,匆匆赶回军部。罗荣桓一下马,听取了简单汇报后,便来到关押"犯人"的临时监狱。他看到屋里关了不少犯人,有一个约摸十三四岁的小鬼蹲在墙角哭哭啼啼。陪同罗荣桓前来的保卫干部介绍说,这是10师宣传科的勤务兵,叫王东保,在师里没有审出什么名堂,便转送到了军部……

罗荣桓走到这"小鬼"跟前,和蔼地说:

"小鬼,你告诉我,是怎么回事。"

王东保一见是罗政委,慌忙站起身来,用袖子擦擦眼睛,抽泣着说:"我就是给他们打了一斤酒,买了半斤花生米。"

罗荣桓皱起了眉,"你不要哭,慢慢地说,帮谁打了酒买了花生?"

"他们,"王东保仍然在不住地抽泣,"就是10师宣传队的,前几天杀掉了。说他们开 AB 团的会,我不晓得他们是 AB 团。"

罗荣桓长长地嘘了一口气,指着王东保责问陪同他的干部:"这是一个小孩子,怎么会是 AB 团?你杀他干什么?"

那位干部支支吾吾。罗荣桓见他说不出什么道理,便立即下令:"把他放了!"

后来，罗荣桓把他要去当了勤务兵。而"一斤酒、半斤花生米"便成为同志们用以同王东保开玩笑的掌故。

与此同时，打AB团在各师也普遍开展了起来。部队撤到宁都县境时，军政治部通知12师师长萧克和政委张赤男说，12师的宣传队长和一个宣传员是AB团。于是，师里立即将这二人逮捕。提审时，这两人不承认，一用刑，承认了，又供出了十几个人。再抓，再打，再审，这十几人又供出几十个。到11月底，这个师已抓了100多人。当时前委规定，捕人由各团党委决定，杀人由各师党委决定，毋须向军党委和前委请示报告。12师准备杀几十人。

就在准备动手的这一天早晨，萧克感到杀这么多人有问题，便骑马到军部向罗荣桓政委报告。罗荣桓和红四军军委秘书长黄益善接见了他。听了萧克的报告，罗荣桓明确答复：不能杀那么多人。黄益善支持罗荣桓的意见。

萧克听罗荣桓这么一讲，立即赶到了刑场。他没有下马便挥着手喊道："先不要杀，把'犯人'押回去！"然后，他向张赤男传达了罗政委的意见。师党委随即重新研究，结果释放了这一些人。从此，"罗政委刀下留人"的故事便在红军中流传开来。

逆境显本色

1932年4月,红1军团和红5军团组成东路军入闽作战。罗荣桓任1军团兼东路军政治部主任。4月17日,东路军攻克漳州。在漳州闹市张贴了由罗荣桓起草并署名的东路军政治部布告,指出:"在遵守苏维埃法令之下,准许一切正常的营业自由。红军筹款是按照资本之大小与利息的多寡,亦是商人分内应尽的责任。"

漳州是红军第一次解放的沿海较大的城市。罗荣桓在进城后以主要精力投入严格遵守城市纪律,贯彻保护民族工商业和华侨合法权益的政策和宣传红军宗旨及主张的工作之中,积累了红军城市工作的宝贵经验,扩大了共产党和红军的影响,并吸收了包括一些华侨知识青年在内的几千名新战士。

1932年10月,宁都会议之后,毛泽东对红军的领导被"左"倾领导者所排斥。红军中干部调动相当频繁,许多拥护毛泽东正确主张的干部都被调动工作。

1933年第四次反"围剿"期间,罗荣桓也接到了要他离开一军团的调令。反"围剿"刚结束,他便离开1军团来到了宁都,准备到江西省军区任政治部主任。

受了错误批判、满腹委屈的谢唯俊听说罗荣桓来了,约了井冈山时期便参加红军的江华前去看望。他们都知道,罗荣桓是拥护毛泽东正确主张的,他经常向周围的同志们讲毛泽东在井冈山粉碎敌人"会剿"的故事,讲井冈山时期,湖南省委有一些人不听毛泽东的意见而导致"八月失败",讲古田会议……他此次离职也是受排挤的结果。罗荣桓历来心胸开阔,对他什么话都可以讲,既不用担心他会不耐烦,也不必顾虑他会抓小辫子。相反,他会认真仔细地倾听你的意见,然后作为一个知心朋友,提出他自己的看法来同你商量……

罗荣桓看到这两位老战友来访,十分高兴,拿出头一天买来还没有吃完的花生,又泡了一壶茶。三人围坐在一起,边剥花生边聊天。

自从宁都会议召开以来,眼看着毛泽东总结的过去一直行之有效的正确主张遭到否定,眼看着拥护毛泽东正确主张的领导干部一个个被调开、撤换乃至受到残酷斗争、无情打击,他们三人此刻心情都很不舒畅。一开始谁也没有说话,只是闷坐在桌旁,听着淅淅沥沥的雨声,剥着花生……

半晌，还是罗荣桓打破了沉默。他刚到宁都时已听到说谢唯俊被认为参加了"根据罗明路线而组织的"小集团，同邓小平、毛泽覃、古柏一道受到了批评，于是，他关切地问起谢唯俊的近况。这一来打开了谢唯俊的话匣子。他将郁结在心头的不快统统倾吐出来。最使他不满的是教条主义对所谓"狭隘经验论"的批判和"山沟里没有马克思主义"的论调。

谢唯俊的不满引起江华的强烈共鸣。江华愤愤不平地说："我硬是想不通，为什么吃红米南瓜就没有马列主义，偏偏只有到莫斯科吃了洋面包才有马列主义！"当时一些教条主义者虽然在苏联学了一些马列主义理论，但是不熟悉中国根据地的实际情况，他们并没有认识到这是一个严重的弱点，反而讥笑毛泽东的合乎实际的主张是"狭隘经验论"，说什么"山沟里没有马列主义"。他们又用罚苦工、送军事法庭等办法来处理同志之间不同观点的争论。于是，罗荣桓意味深长地向江华打招呼说："你这样说，难道不怕坐牢吗？"罗荣桓没有讲更多的话。江华、谢唯俊经他一提醒，不约而同地长叹一声，也不再讲话了，只是默默地剥着花生。这时，雨也下大了，雨珠在瓦上跳动的声音听起来更加响亮而急促，似乎在诉说着郁结在罗荣桓心头的愤懑。

当时，一些不正确的东西往往是从上面来的。执行

▲ 扩大红军的宣传画

吧,明知不妥;不执行吧,又违反了下级服从上级的纪律。而在"残酷斗争、无情打击"面前,又常常是有理也说不清。因为一句话说得不对头,就撤职查办、进保卫局,已是屡见不鲜的事情了。考虑到这些因素,罗荣桓又不得不向他们打招呼:"这些话在这里讲完就完了,你们出去千万不要乱讲。我们有意见归有意见,工作还是要尽量做好,要尽量发挥一个共产党员的作用。"他们三人又谈了一会儿,等雨过天晴,江华、谢唯俊才向罗荣桓告辞。

"我们有意见归意见,工作还是要尽量做好,要尽量发挥一个共产党员的作用。"罗荣桓是这样说的,也是这样做的。无论是在担任江西省军区政治部主任时，还是在总政治部担任巡视员和动员部长时，他都竭尽自己之所能，把工作做好。在扩红时，他坚持使用说服教育的方法，做艰苦细致的思想工作，帮助参军青年解决家庭的实际问题，解决他们的后顾之忧，反对强迫命令、形式主义的做法。还在1932年4月中旬，罗荣桓被调到江西省军区任政治部主任，六七月间又调到总政治部任巡视员和动员部长。对于这段历史，毛泽东后来回忆道："我倒霉时，他也跟着我倒霉。"

罗荣桓虽身处逆境，仍然积极工作，充分发挥一个共产党员的作用。他带着少先队总队长张爱萍等人到兴国、瑞金一带调查研究，总结扩红经验。他指出，要扩大红军，必须充分发挥少先队（相当于民兵）、模范少先队（相当于基干民兵）和赤卫军（相当于地方武装）等群众组织的作用，采取逐步升级的办法。其中关键在于抓好模范少先队的工作，平时进行军政学习、野营训练，战时则配合主力红军作战，先参加诸如追击、打扫战场等活动，由易到难，使他们逐步适应战斗生活，再吸收他们成排、成连、成营、成团地参加红军。8月2日，他在《红星报》上发表的《瑞金兴国第一批野营的检查》，体现了上述思想。

1933年春，罗荣桓参加了第四次反"围剿"。3月

10日,他主持总结了一军团在第四次反"围剿"中的政治工作,写出书面报告,着重总结了宣传鼓动工作的经验。

1933年9月,罗荣桓被任命为扩红突击队总队长,率领突击队到乐安、宜黄进行扩红。在工作中,罗荣桓强调,扩红一定要坚持说服教育,反对强迫命令。要向群众讲清武装保卫红色政权的意义,要优待参加红军者的家属,搞好代耕,罗荣桓总结的这些经验,使人民军队的动员工作的一整套做法开始形成。

由于罗荣桓在扩红中做出优异成绩,1934年1月5日,中共中央在《关于扩大红军突击月总结的决定》中宣布,将罗荣桓等各突击队领导者的名字"放在各报纸扩大红军突击运动的光荣红版,在各种小册子、会议与报纸上解释、宣传他们的工作经验,教育全党同志"。

在1934年1月召开的中华苏维埃第二次全国代表大会上,罗荣桓因扩红取得优异成绩再一次受到表扬并获得一枚银质奖章。大会选举他为中华苏维埃共和国第一届执行委员会候补委员。

1934年8月,罗荣桓任红8军团政治部主任,随部队参加长征。8军团番号撤销后,罗荣桓先后任3军团政治部主任、总政治部巡视员和1军团政治部副主任。他十分注意用自己的模范行为影响和带动部队。他

有一匹小骡子，但很少骑，都是用来驮病号。许多指战员依靠拽住他的骡子的尾巴，徒涉过了湍急的河流。

到陕北后，罗荣桓参加了东征，1936年6月入红军大学学习，1937年1月任红军后方政治部主任，5月间同林月琴结婚。7月，调任红1军团政治部主任，他便只身来到一军团驻地——甘肃省正宁县，准备率领部队奔赴抗日前线。

开辟晋东北

1937年8月1日，第1军团奉命由正宁向陕西三原集结。8月22日，红军改编为八路军，红一方面军改编为第115师，师长林彪，副师长聂荣臻，政训处主任罗荣桓。同日，第115师在三原云阳镇举行隆重的誓师大会。由于林彪、聂荣臻已赴洛川参加中共中央政治局扩大会议，罗荣桓带领指战员们进行了庄严的宣誓："为了民族，为了国家，为了同胞，为了子孙，我们坚决抗战到底！"

当日，部队出发，8月31日东渡黄河进入山西，9月7日在侯马乘火车北上。林彪在太原上车。到原平车站时，前面的铁路已被炸坏，部队由迫切要求八路军到前方抵挡一阵的阎锡山派汽车向平型关运送，罗荣桓则奉命率政训处、骑兵营、教导大队和第686团1个连开动两条腿朝东，去阜平发动群众。

阜平不仅交通不便，而且地瘠民贫。山很大，但可耕地很少。老百姓常年过着糠菜半年粮的苦日子。

阜平、曲阳的抗日民主政府是八路军在敌后建立的最早的一批抗日民主政权。当时，第二次国共合作建立不久，八路军能不能不通过国民党政府直接派县长，建立民主政权，在一些党员干部的思想上还是一个没有解决的问题。在这样的历史条件下，罗荣桓敢于独立自主地放手建立共产党领导的民主政权，这除了因为他在红军时期对政权建设有丰富的经验外，同他对共产党实行敌后抗战的方针有深刻的理解是分不开的。

10月20日，毛泽东致电周恩来、朱德、彭德怀、任弼时，估计了日军即将占领太原后的形势，决定：留第115师独立团在恒山、五台山地区坚持游击战争；第115师主力准备转移到汾河以西的吕梁山脉，总部准备迁移到孝义、灵石地区；第129师和第120师仍在现地坚持游击战争。据此，八路军总部决定，留聂荣臻在五台山地区创建晋察冀抗日根据地。

10月下旬，第115师即将随八路军总部南下，需要留一批干部在晋察冀。机关"分家"的工作由罗荣桓负责。聂荣臻在他的回忆录中写道："我对他（指罗荣桓）说，你来分好，你公平，司令部、政治部、供给部、卫生部几个部门由你决定，哪些人走，哪些人留下，你有决定权，我不争一个人。罗荣桓同志对我非常支持。他亲自挑选了一些人，留下的同志虽然人数不多，但很得力。"

10月底,罗荣桓率第115师政治部离开阜平溯滹沱河西去,到达山西五台县东冶镇,吸收了一批煤矿工人参加八路军,随后继续西进,准备从忻县过同蒲铁路,因日军云集,未成,又折返到河北省平山县洪子店。

在洪子店,罗荣桓会见了刚刚成立的晋察冀军区第4分区负责人周建屏、刘道生和北方局的代表栗再温。

这一天,他们正说话,脚蹬草鞋、身背斗笠、穿着一身红军制服的平山特委书记李德仲走进屋来。栗再温给罗、李双方作了介绍。一直做地下工作、大学生出身的李德仲早就听说过罗荣桓的名字,此刻握着罗的手,一时不知说什么好。为了消除李的紧张情绪,罗荣桓上下打量着他,问道:

"长征时,你是哪个方面军的?"

李德仲愣住了,而在座的其他人都大笑起来。

罗荣桓很纳闷,忙问:"你们笑什么?"

栗再温解释道:"他不是红军。"

罗荣桓又打量打量李德仲,说:"你们看他这身穿戴,不是红军是什么?"

大家又笑起来。

李德仲红着脸解释道:"我的警卫员是红军,斗笠和草鞋都是他给我编的。这身军装也是他的,我只不过是借了穿穿。"

在一片笑声之中,栗再温忍不住开玩笑说:"他呀,是假洋鬼子。"

罗荣桓微微一笑。为了不使李德仲过分难堪,他转了个弯,风趣地说:"对不起,是我没有搞好调查研究,犯了形式主义的错误。"

第二天,栗再温和李德仲向罗荣桓汇报了平山党的工作情况,然后请罗荣桓作指示。

罗荣桓扼要地谈了当时的形势后,讲了军队的问题。他说:"打仗要靠兵。我们的部队总共才编了3个师,数量不多。而在敌后开展游击战争,'山雀满天飞',到处都需要人。今后队伍会逐渐扩大的,但当前迫切需要补充。我们第115师人也不多,平型关战斗减员不少。我们很需要人,特别是知识分子。"他用商量的口吻说:"你们这里地下党的基础不错,文化素质也比较高,能不能帮助我们补充一些知识分子?"

栗、李问道:"需要多少?"

罗荣桓说:"百十来个吧,当然,多多益善。"

当时,地方工作尚处于开辟时期,要动员这么多有文化的人参军,并非易事。但是,栗再温、李德仲仍然表示,对主力部队的要求,一定尽力满足。半个月后,他们给第115师送来了130多名具有高小以上文化程度的青年。他们日后大都成为八路军的骨干。

开创晋西南

1937年底,罗荣桓率领师政治部从洪子店南下,经昔阳,于1938年初到达晋西南洪洞县的马牧村,与先期到达这里的第115师司令部会合,开始创建晋西南抗日根据地。此时,第344旅已划归第18集团军总部(即八路军总部,以下简称集总)。第115师师部直接指挥的第343旅(旅长陈光、政委萧华)下辖两个团:第685团(团长杨得志、政委吴文玉)和第686团(团长李天佑、政委杨勇)。这两个团在平型关战斗和去年11月间进行的广阳战斗中伤亡较大。为了进行补充,师部派杨勇带了一批干部到晋东南扩兵。罗荣桓率政治部同司令部会合时,大批新兵已到。于是,师部除把两个团的兵员补齐外,又成立了一个补充团,由邓克明任团长,符竹庭任政委。

自从去年11月8日,日军占领太原后即大举南侵,并以一部西犯,逼近黄河,窥伺陕甘宁边区。为了保

卫黄河、保卫陕甘宁边区，第115师向隰县、大宁一带转移。

1938年3月1日，林彪率第115师司令部部分人员，骑着缴获来的大洋马，穿着日本军大衣，路过隰县以北的千客庄。当地驻防的阎锡山的第19军哨兵误以为是日军，开了枪，打中走在前面的林彪。罗荣桓立即致电朱德、彭德怀并报毛泽东："直属队到达隰县以北之千客庄，已与19军警戒部队最前线取得联络，未及通知后面阵地哨。林骑马独在先头走，即遭受射伤，从右侧进由右侧背穿出，幸未中要害，须移至妥当地点休养。部队指挥即决定代理人。"随后，他派苏静将林彪送过黄河，由中央派人接回延安。当日24时，军委主席毛泽东和参谋长滕代远联名致电罗荣桓："林之职务暂时由你兼代。"但在数小时以前，集总已经决定由陈光代理师长，并报告了国民政府军委会。集总命令在先，乃执行集总命令。但第115师的全面工作仍由罗荣桓负责。中共六届六中全会以后，罗荣桓任第115师政委。

3月3日，陈光、罗荣桓率第343旅至隰县午城镇一带，寻机作战。13日，他们发现日军向午城镇西进，命令部队在大宁以东公路两侧，准备伏击西进之敌。16日，日军辎重部队200余人、骡马100余匹由午城西进至罗曲一带，埋伏在这里的第685团将其全歼。17日，

▲ 图为八路军第 115 师向敌后挺进，创建以恒山山脉为依托的晋察冀抗日根据地

由蒲县出动向大宁运送物资的日军汽车 60 余辆进至井沟以西地区时，预伏于公路两侧的第 686 团突然出击，歼敌 200 余人，缴获汽车 6 辆。随后，陈光、罗荣桓命令夜袭午城。17 日夜，部队突然发起攻击，毙日军 50 余人，烧毁汽车 10 余辆，余敌突围东逃。

陈光、罗荣桓判断，日军必将前来报复，乃命令第 686 团和汾西游击队预伏于井沟至张庄公路两侧山地，准备歼灭由蒲县出动之敌。18 日晨，日军第 108 师团步骑兵 800 余人在飞机掩护下，由蒲城出动，进犯午城。日军由于前几天吃亏不少，此次行动颇为谨慎，一面用火力向公路两侧搜索，一面缓缓前进。10 时许，日军前锋到达张庄，向两侧山地打炮，未见还击，便将

1路纵队改为2路继续西进。突然，两面山上飞出成群的手榴弹，机枪像狂风一样向公路上的日军扫射，把井沟至张庄的5里长的公路打得硝烟四起。日军占领龙王庙等地顽抗。不一会儿，6架飞机前来助战，投弹100余枚。八路军指战员多次同日军肉搏，第686团两个营长负重伤，副营长罗自坚阵亡。下午5时，八路军向公路上的日军发动总攻，逐个消灭藏在公路两侧窑洞中的敌人。至次日拂晓，日军除100余名逃窜外，全部被消灭。与此同时，第685团在午城也击退从大宁出动的日军援兵。

从3月14日至19日，陈光、罗荣桓指挥部队在午城、井沟一带连续打了5昼夜，歼敌千余人，击毁汽车79辆，缴获战马200余匹，粉碎了日军西渡黄河、进犯陕甘宁边区的企图，稳定了晋西南的局势，为建立吕梁山根据地创造了条件。

3月间，从同蒲铁路南北两头对进的日军在霍县会合。一直坚持在霍县指挥国民党军抗日的国民党第2战区副司令长官卫立煌仓促撤出霍县，过了汾河，在石楼一带被日军围困。卫立煌要求第115师支援。陈光、罗荣桓派侦察科长苏静同卫联络，并派第686团前往援助。当苏静找到卫立煌时，卫的司令部已被日军冲散。为了掩护卫立煌，第686团3营11连在白儿岭占据险要地形，抵御800多名日军的轮番进攻。

苏将卫带到第686团团部，政委杨勇陪同他观察战场。已经脱险的卫立煌用望远镜遥望白儿岭，只见整个阵地都处在飞机大炮的狂轰滥炸之下，已成一片火海。他问杨勇那里有多少部队，杨勇告

▲ 第115师政治部主任罗荣桓

诉他，只有1个连。卫立煌放下望远镜，很惋惜地说："这个连完啦！"然而，这个连却在完成掩护任务后胜利归来了，全连仅伤亡20余名。卫立煌不禁钦佩地说："八路军真能干！"此时他便萌发了到延安参观的念头。4月间，蒋介石通知卫去洛阳开会，于是他便取道延安赴西安、洛阳。在延安，他参观了抗大，还去看望了林彪。回洛阳后，他特地送给八路军100挺轻机枪、10万发子弹，表示谢意。

4月2日，毛泽东、张闻天、刘少奇致电陈光、罗荣桓并中共中央北方局副书记杨尚昆，部署第115师建立以吕梁山为中心的晋西南抗日根据地和发展抗日民族统一战线事宜。遵照中央指示，陈光、罗荣桓率部转移

至汾阳、孝义一带。

当时，同第115师驻地相邻的有一支兄弟部队，番号是决死第2纵队。这支部队属于山西新军。早在"七七事变"前，中国共产党为争取阎锡山抗日，就做了许多统战工作。1936年10月，共产党员薄一波按照党的指示，接受阎锡山的委任，接办和改组了山西牺牲救国同盟会（简称牺盟会），接着，通过"牺盟会"及军政训练委员会，掌握了13个训练团的政治领导和组训工作。"七七事变"后，薄一波向阎锡山建议组建一支新军，得到阎的同意。双方商定，新军的军事干部由阎锡山派遣，政治干部由"牺盟会"派共产党员担任。至1938年初，新军迅速发展为四个纵队（相当于旅）。决死第2纵队驻扎在洪洞、赵城一带，由旧军官陈庆华任纵队长，共产党员张文昂任政委。这支部队发展很快，到1938年初，就由3个团发展到11个团，2万余人。缺干部、少经验成为部队建设的突出问题。

罗荣桓一到汾阳、孝义，就将张文昂、政治主任韩钧等请到师部，对他们说："你们的部队发展得很快，这很好，说明山西人民的抗日热情很高。但是军队是要打仗的。有了军队，能不能打仗，这是个很重要的问题。部队当然要多，但更重要的是精，所以我建议你们进行整军。部队要整编，不要怕编掉几个团，主要看部

队有没有战斗力，能不能打仗。在整编的基础上，要抓紧进行军政训练，特别是要加强政治工作，搞好军民关系和官兵关系。"

随后，罗荣桓又派第343旅政委萧华、政治部宣传部部长萧向荣等到第2纵队，给干部讲解如何建设人民军队，如何开展游击战争，如何做部队的政治工作，具体传授红军的建军经验。陈光还在第2纵队住了半个多月，言传身教，以提高这支新部队的军政素质。

在陈光、罗荣桓的具体帮助下，决死第2纵队进行了一次认真的整军，首先进行整编，将11个团精简为8个团，共约1.5万人，使部队更加精干。团、营、连都配备了政治工作干部，排还配备了政治工作员。然后，在第115师派出的干部的帮助下，进行军政训练。军事训练着重射击、投弹、刺杀、侦察、夜战、破铁路、攻碉堡等，干部要学会游击战的战术。政治训练着重讲解抗日民族统一战线政策，抗战的形势、前途，军政一致、军民一致、官兵平等。

通过整顿和军政训练，这支部队接受了红军的建军经验，受到了红军优良传统的影响，而同旧军队有了原则性的区别，很快成为一支具有一定战斗力的革命军队。

1938年9月，日军第108旅团沿汾（阳）离（石）

公路西犯，企图西渡黄河。陕甘宁边区再次受到严重威胁。陈光、罗荣桓决定给西犯日军以沉重打击。他们召集第343旅和决死第2纵队的干部举行作战会议布置战斗任务。给独立大队分配的任务是看家，并向孝义方向警戒。随后，陈光、罗荣桓即将部队分散预伏于汾离公路两侧，于14、17日，分别在薛公岭、油坊坪给日军运输补给部队以沉重打击，又于19日在王家池伏击日军后撤部队。三战三捷，共毙日军1200余人，其中包括山口少将，俘日军16人，缴获汽车30余辆，战马多匹。

凯旋后，陈光兴高采烈地招呼独立大队的干部去看缴获来的大洋马。他对曹诚说："想不到这一仗打得这么便宜。早知如此，应该把你们也带去锻炼锻炼。"

率兵进山东

"派兵去山东",这是中共中央早在酝酿的战略设想。对于在山东开展游击战争,毛泽东非常关注。1937年9月25日,他致电在太原的军委副主席周恩来和中共北方局书记刘少奇、副书记杨尚昆,指出:在包括山东在内的全华北,应动员群众,收编散兵散枪,普遍地但是有计划地组织游击队。10月,中共山东省委在济南秘密召开会议,制订了在山东分区发动武装起义的计划。此时,日军已侵入山东。但拥有10万军队的国民党山东省主席韩复榘却不战而退,一溃千里。韩复榘跑了,共产党则高高举起抗日的旗帜。从11月起,在各地从事地下工作的和刚从监狱出来的共产党员同从延安派来的一批红军干部结合在一起,先后在冀鲁边、鲁西北、天福山、黑铁山、鲁东、徂徕山、泰(山)西、鲁东南、鲁南、(微山)湖西等地发动武装起义,建立了抗日武装。由于侵占山东的日军兵力单薄,只占

领了主要城市和交通线,广大农村成为真空地带,抗日游击队得到迅速发展。

在共产党发动武装起义的同时,山东各地国民党势力、地主豪绅、土匪兵痞也乘机拉队伍,抢地盘,出现了司令多如牛毛的局面。1938年1月,接替被蒋介石处决的韩复榘任国民党山东省省长的沈鸿烈,成为这些游杂司令的总头头,影响和控制了大小股武装共达15万人,数量和装备都超过起义的人民抗日武装。他们鱼龙混杂,有的消极抗日,积极反共;有的同日军眉来眼去,随时有可能伪化。共产党要在山东独立自主地担当抗战重任,建立巩固的抗日根据地,显然需要有主力部队作为骨干。

1938年4月,中共山东省委书记黎玉到延安向毛泽东汇报工作时,要求派一个主力团去山东。毛泽东说:"看来还要多派一些。"

1938年6月,由第115师第343旅第685团2营发展而成的永兴支队和第129师津浦支队进入山东北部的冀鲁边区,开展游击战争。他们是八路军主力进入山东的前锋。8月,集总任命第343旅政委萧华为东进抗日挺进纵队司令员兼政委,率第343旅直属队一部到冀鲁边,统一领导那里的抗日武装斗争。罗荣桓对此极为重视。他迅速抽调补充团团长邓克明、政委符竹庭和第

▲ 图为第 115 师政治委员罗荣桓在山东东平给战士作报告

343 旅政治部的王叙坤、王辉球、周贯五、刘贤权等共 100 余名干部随萧华赴冀鲁边。

萧华临行前，罗荣桓把他请到师部，对他说："你已经看了地图了。那是老黄河以北、天津以南的沿海地区。你上次到海边还是在漳州吧？"萧华点点头。

12 月 19 日，陈光、罗荣桓率第 115 师师部和第 686 团从晋西灵石县苇沟和双池镇一带出发东进。第 343 旅参谋长陈士榘率补充团留在晋西南坚持抗日战争。此时，林月琴已调入第 115 师师部，她也将随部队东进。

20 日，陈、罗率部冒着纷纷大雪过同蒲铁路和汾河，在介休县境内休整数日，准备翻越县城以南海拔2400余米的绵山。这绵山虽然没有长征路上的雪山那么高，但当年过雪山时是在夏天，而如今过绵山则在冬季，又正下着纷纷扬扬的大雪。罗荣桓嘱咐部队做好充分准备，要一鼓作气翻过去，中途不要停留。他还向身边的指战员讲了绵山的故事。原来这绵山又叫介山。相传在春秋时代，晋文公赏赐当年他流亡时的随从，有一个叫介子推的给漏掉了。介子推不明白为什么不赏他，为避嫌，便携老母逃到绵山隐居。晋文公发现自己的疏漏后，要介子推出山，介子推不从。晋文公便命令放火烧山，以便将介子推逼出山来。火灭后，晋文公派人搜山，发现他和老母已被烧死。后人为纪念他，便把绵山叫做介山，把介山所在的县叫做介休。

　　26日，部队开始翻山。因为前几天连下大雪，上山的路都被雪封得严严实实。越往上走，山势越陡。战士们一不小心就摔跤。一开始谁摔了跤，有些调皮鬼就开玩笑地呼喊："再来一个！"但正喊着，自己也来了个屁股蹲儿。于是引起一阵哄笑。到后来摔得多了，大家也没有心思开玩笑了。一些党员便喊一些鼓动口号，鼓励大家前进。一些经过长征、爬过雪山的干部和老兵纷纷帮助身体单薄的新同志背枪。走到中午，来到一处叫"后悔沟"的地势险峻处。顾名思义，人们爬到这里就会因难于攀登而后悔。但是，八路军现在已经是义无反顾，只有勇往直前。到山顶，大家见到一座破庙，叫云峰寺。这座寺庙在夏日也许是避暑的好去处，但如今已不蔽风雨。罗荣桓怕同志们挨冻，命令大家不要在这里停留，赶快下山。

陈光、罗荣桓率部下绵山后，经郭道镇、白狐窑，于31日到达襄垣县夏店镇。几天前，八路军总部也从古县东移到潞城县北村。两地距离很近。朱德特地到第115师师部看望了指战员，陈、罗陪同他检阅了部队。

1939年1月，陈、罗奉命率部参加晋东南的反"扫荡"，在辽县、和顺地区打了一仗后，继续向山东进军。

部队出发时，林月琴已经临产。2月14日，师部的医生和卫生员早早就来到罗荣桓的住处，房东大娘忙着烧水，罗荣桓在堂屋里守候。时间并不长，但罗荣桓却好像等了好久好久，终于听到里屋一阵洪亮的啼哭。卫生员掀起布门帘，笑眯眯地对罗荣桓说："政委，恭喜恭喜，是个男孩。"罗荣桓心中的一块石头终于落了地。又过了一会，卫生员掀起布帘对罗荣桓说："进来看看吧！"罗荣桓进屋看到卫生员抱着已包裹好的孩子，用手指头轻轻地碰了一下孩子的脸蛋，开心地说："这小子好胖啊！"林月琴深情地看看丈夫说："给孩子起个名字吧。"罗荣桓略一沉吟，说："部队正

在东进,就叫他东进吧。"说完话,他便告别林月琴,赶部队去了。

部队经河北、河南边界,于22日通过平汉铁路。这一带已经是平原地区了。3月1日过黄河,可是既没有过桥,也没有乘船,指战员们连鞋都没有湿。这一点对如今黄河边的人说,可能并不感到有什么奇怪,因为黄河近几年每年都有百十来天断流。可当时指战员们还感到挺稀罕。他们都纳闷,怎么这汹涌澎湃的黄河竟然滴水皆无?罗荣桓就给大家讲了去年6月蒋介石下令炸花园口的事。黄河改了道,这旧河床当然就没有水了。

过了黄河,便进入山东地界。罗荣桓、陈光站在河堤上望东看,只见一马平川,望不到边,这就是鲁西平原。

第115师继续东进。当地党组织和群众闻讯,纷纷前来挽留。陈光、罗荣桓决定,从第686团抽出第3营和教导队,加上师直警卫连,留在鲁西,称作东进支队第1团,由杨勇任团长兼政委,在鲁西建立根据地。由张仁初、刘西元接任第686团团长和政委,率其余两个营,随师部继续东进。

3月6日,陈光、罗荣桓率师部和第686团继续东进,7日由靳口过运河,进入泰(山)西地区。10日,到达东平县东北部的夏谢。

3月12日，罗荣桓给东进支队排以上干部作报告。他分析了武汉、广州失守，抗日战争转入相持阶段后的形势后提出，东进支队总的任务是坚持平原游击战争，创造泰（山）西抗日根据地。

3月14日，陈光、罗荣桓率第115师在东平县常庄同由泰西人民抗日起义武装所编成的八路军山东纵队第6支队会合。随后，原驻鲁西北的中共鲁西区党委也奉中共中央北方局之命，赶到常庄，同第115师一起活动。至此，第115师在山东已经有了4个立足点，即：冀鲁边、湖西、运（河）西（即杨勇部所在的鲁西地区）和泰西。

发起梁山战斗

第 115 师进入山东后,山东便存在互不统属的八路军两支兄弟部队,即第 115 师和山东纵队。为了解决山东敌后抗战的统一指挥问题,早在 1939 年三四月间,集总和中共中央北方局曾先后致电中共中央书记处和毛泽东,建议派八路军第 129 师副师长徐向前和中共中央北方局组织部长朱瑞前往山东,"形成中心领导","徐、朱以八路军第 1 纵队司令员、政治委员名义统一指挥张(经武)黎(玉)、陈罗、萧华及(彭)雪枫部队"。5 月 4 日,中共中央北方局发出通知:"组织八路军第 1 纵队,统一指挥所有黄河以北山东境内及萧华区各正规部队及各游击部队,以徐向前为司令员,以朱瑞为政治委员。"

当时,敌后形势很复杂,头绪很多,授予一些部队的番号事先往往并没有进行充分论证和周密的考虑。八路军曾先后授予一些部队第 1 至第 6 纵队的番号。这些部队大小、级别并不相同。其中第 4 纵队授了两次。第一次是 1938 年授予(北)平西一支部队,第二次是 1940 年授予在河南永城组建的部队。这些纵队都分别受八路军总部的下属单位指挥,但唯有第 1 纵队是个例外,它担负了指挥八路军主力师第 115 师的任务。八路军共有 3 个师,均受八路军总部直接指挥。成立第 1 纵队后,就在总部和第 115 师之间又增加了一级领导,而八路军的第 120 师和第 129 师则不存在这种情况。八路军编 3 个师,是共产党同国民党谈判后获得的成果,轻易将其中一个师实际上降格,显然考虑欠周。因此,在中共中央北方局发出上述通知后,第 115 师仍属军委和集总直接指挥,山东八路军统一指挥的问题并没有解决。

6 月 12 日,林月琴带着刚过百日的东进,随第 115 师后方留守处和教导大队同徐向前、朱瑞一道来到泰西。随后,徐、朱和第 115 师后方留守处、教导大队继续东进。徐、朱到达山东纵队指挥部所在地沂蒙山区的王庄,后方留守处和教导大队过津浦路后到达蒙阴大平集与第 115 师师部会合。林月琴则暂时留在泰西。她产后还不到 4 个月,一路上风餐露宿,跋山涉水,很是劳累。她告诉丈夫,孩子由挑夫挑着,担子的一头是行李,另一头就是东进。指战员们看到挑夫,都要看看孩

子。有时，孩子被几位女同志轮流抱着，担子的一头就空了。指战员们看到空担子，都要关切地询问孩子哪里去了。后来，为了加快行军速度，带队的保卫部长朱涤新盼咐专门拨一头牲口给林月琴母子。罗荣桓听后很不安。他郑重地对朱涤新说："这样做不合适，影响不好。"

此时，第115师机关虽然已到津浦路东，但第115师的部队大部分还在津浦路西。在运（河）西有杨勇的第1团（7月间扩编为独立旅），在泰西区有第686团和已划归第115师指挥的山东纵队6支队，在湖西有第685团。根据中央指示，第685团要向徐州东南发展。为此，要跨越津浦、陇海两条铁路，任务十分艰巨。陈光同罗荣桓商量后，决定到湖西一趟，指挥该部向徐州东南发展。陈光带了一个警卫排走后，罗荣桓身边的人更少了。

7月15日，朱瑞致电中共中央和北方局，为便于指挥鲁西全局并联系由第685团和苏鲁豫地区地方部队合编的苏鲁豫支队，建议陈光、罗荣桓的位置应在运河以西的杨勇区。接到朱瑞的电报后，罗荣桓要林月琴化装隐蔽在东平湖一带的老乡家里，自己带着一支百把人的小部队，准备向运河以西地区转移。

一天，据侦察，日军有合围罗荣桓驻地的迹象。下午,作战参谋来光祖向罗荣桓报告:"一股日军向我们开来,离此地只有十几里地了。"罗荣桓手拿一把蒲扇,在屋里一面来回踏步,一面不时用蒲扇轻轻拍打自己的腹部。他听完来光祖的报告,到屋外看看在西天高挂着的太阳,不慌不忙地说:"继续注意观察。"

过了半小时,派往各个方向的侦察员们纷纷回来报告。有一路说,敌人距离只有10里,附近的老乡都转移了,罗荣桓仍然若无其事地在踱步。

来光祖让侦察员爬上村头的大树,他们已经可以看到鬼子队伍扬起的沙尘从远处滚滚而来。9里、8里、7里……侦察员不断前来报告,可罗荣桓仍然在屋里来回走着。锄奸部长王立人等人守候在门外,焦急地等着罗荣桓下转移的命令,但是罗荣桓仍然在那里走着……王立人建议来光祖进屋催一催。来进屋问罗,罗荣桓仍然说:"不要着急,再等一等。"

直到太阳快要落山,派出去的各路侦察员全部回来了,罗荣桓全面掌握了周围的敌情后,才下令出发,安全向运河以西转移。这时敌人离罗荣桓刚才住的村子只剩下3里左右。后来,他对来光祖等人说:"在敌人围上来的时候,必须弄清它的意图再行动。敌人离得越近,它的意图就越清楚。同时,行动要尽量放在黄昏以后,以便利用黑夜隐蔽和掩护自己。"

当罗荣桓率领小部队由泰西到达运西时，日军第12军和华北方面军直辖兵团正在对鲁西进行"扫荡"。罗荣桓命令杨勇率由第1团扩编的独立旅进行了反"扫荡"。7月中旬，日军在八路军不断袭扰下，被迫停止"扫荡"，开始撤退。16日，当日军第114师团司令官沼田德重中将率部由聊城东撤时，再次遭独立旅伏击，伤亡200余人。八路军在鲁西的胜利，又一次得到蒋介石"表示嘉慰"的电报。但是，当时八路军并不知道，在伏击中，沼田德重中将胸部和腹部连中数弹，负了重伤。日军慌忙将沼田送到济南日军中心医院进行抢救。由于伤势严重，加上天气炎热，伤口感染无法控制，沼田德重于8月22日毙命。

这是第115师在山东击毙的日军中军衔最高的军官。但是，由于沼田死在医院，对这一战果，八路军以前并不清楚，也从未进行过宣传，以致这一战绩长期以来鲜为人知。

1939年8月1日，在梁山南山坡上的一片松柏林里搭起了戏台，台上高挂着"庆祝八一建军节"的横幅，台子两边是一副醒目的对联：

想当年水泊梁山农民聚义震撼封建王朝，
看今朝敌后平川八路健儿痛歼侵华强盗。

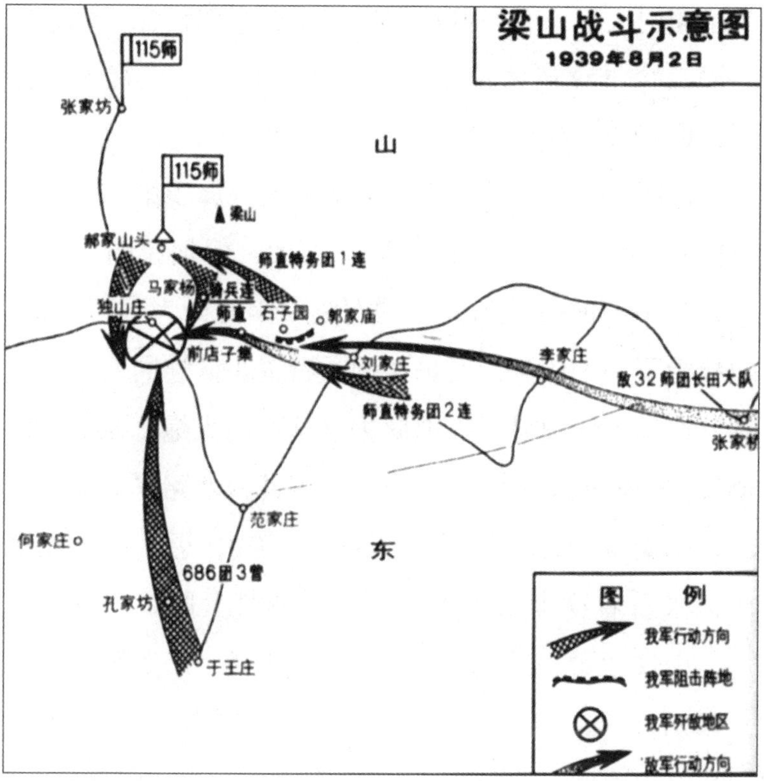

▲ 梁山战斗示意图

在戏台附近，指战员们有的在打着竹板练习数来宝，有的敲着铜片学说山东快书，有的在胡琴伴奏下唱着京剧，到处是一派节日气氛。这一天是建军节，前几天，陈光代师长带了两个连从第685团回来，在梁山前集同罗荣桓会合。大家都准备好生热闹热闹。

就在这时，驻在梁山前集的罗荣桓和陈光收到侦察员骑自行车送来的情报，说有一股日军已从汶上出动，

开国元帅 **罗荣桓**

带了4门大炮，有西渡运河向梁山开来的模样。陈、罗一面命令继续严密侦察，一面通知部队，庆祝大会停开，做好战斗准备。

这股日军有一个大队，300余人，属于第33师团。大队长叫长田敏江，官儿虽然不大，但据说同天皇有亲，到中国前还受到天皇的召见，因此颇为不可一世。他接受了一个任务，要护送炮兵野尻小队连同两门意大利制造的大炮到另一支部队去。这两门大炮，再加上两辆拉弹药的炮车，煞是威风。也因此被八路军的侦察员误认为是4门。长田敏江读过《水浒》，想借护送之机顺便来看看这水泊梁山。于是，便带上队伍，拉上大炮，由汶上警卫队的伪军50余人开路，浩浩荡荡，直奔梁山而来。他认为这一带并无八路军主力，有个把"小小的游击队"，一见皇军来到，必定闻风而逃。因此，也没有派出掩护和策应的部队。他准备到梁山耀武扬威一番之后，再把野尻小队护送到目的地。

陈光建议吃掉这股敌人，罗荣桓没有马上表态，他在根据敌情、我情进行周密的思考。据侦察，这股敌人没有后续部队，也没有其他股敌人的策应。梁山周围的据点东平、济宁、郓城、阳谷，敌人都未增兵。我方兵力虽然只有4个连，但青纱帐已起，便于隐蔽。在梁山南面有杨勇独立旅，不到30里，随时可调来增援。而日军并不知道我方虚实，我们的攻击可以出敌不意。罗荣桓判断，这是一个可遇而不可求的有利战机，只要动作迅速果断，消灭这股敌人是有把握的。于是他同意陈光的建议，然后同陈光一道到孟林勘察地形。

这孟林就是准备开"八一"庆祝大会的地方，现在戏台已经拆掉了。他们登到半山腰，向东南望，只见高粱、玉米地，像是波浪起伏的绿色大海，一直伸展到天边。近处可以看到从汶上过来的大路，但稍远一点，路就消失在高粱、玉米丛中。敌人过来时，大路两旁的青纱帐是埋伏兵力的好地方。他们把目光转向西南，只见1里开外的平原上耸立着一座孤零零的山包，像一头卧地的黄牛。这个山包叫独山，山周围有一些民房，叫独山庄。独山脚下有几座石灰窑，南面紧靠大路有车马店，这一带可能成为战场。

陈、罗下定决心后，陈光开始调兵遣将。命令疏散前集合独山庄一带的群众，做好战前的准备工作。独立旅政治部主任欧阳文听说要打仗，赶到已迁移到后集的师部打听消息，只见罗荣桓正摇着大蒲扇，在悠然自得地翻阅着线装本的《水浒》，不免有些惊讶。他询问敌情和师首长的决心时，不时瞥一下罗荣桓手中的书。罗荣桓晃动着书对欧阳文说："在梁山脚下看《水浒》，打鬼子，很有意思呐。"欧阳文一听，也感到真是巧合，

不过，在赵宋年间，梁山好汉抗击的是官军，而我们今天要消灭的却是穷凶极恶的日本强盗。

看到罗荣桓在战斗来临前如此从容不迫，欧阳文突然想起苏东坡歌颂三国时代的英雄人物孙权、周瑜的诗句："羽扇纶巾，谈笑间，樯橹灰飞烟灭。"此刻，罗荣桓手持的虽然不是"羽扇"，而只不过是一把已经破损的大蒲扇；穿的不过是普普通通的灰军裤和白衬衫，戴的眼镜还缺了一条腿，弄一根线吊着，但他沉着、镇静的气度，却给欧阳文留下不可磨灭的印象。

第二天刚过中午，敌人来了。伪军打头，接着是鬼子，步兵、骑兵、炮兵，排列整齐，神气十足。本来陈光命令2连埋伏在大路两旁的青纱帐里，准备打伏击。但日军走了另一条路，一直闯到前集。埋伏在庄里庄外的10连和4连突然开火。2连听到枪声，知道敌人已到前集，立即赶过来在敌人后面开枪。敌人在前后夹击下伤亡40余人，伪军全部跑散。

骑在马上的长田敏江挥舞着指挥刀，下令整理队伍，然后命令向梁山开炮。轰了半个多小时，八路军一枪未还。长田以为是碰到了游击队，又命令继续前进，到了梁山的西南面，遭到已经赶来的独立旅第1团3营迎头痛击，于是退守独山庄。这时，天已快黑了。一些鬼子跑到水井跟前，一面哼着小调，一面提水洗澡。看来他们还不了解已经死到临头了。

在下午的战斗中，陈、罗始终站在后集的山坡上用望远镜观察。当证实敌人确是孤军后，他们下令当晚由师部的3个连和独立旅的两个连从东北、东南、西南三个方向发动攻击。战斗到半夜，日军节节败退到车马店里，在周围墙上挖了许多枪眼，用密集火力阻挡八路军，作困兽斗。由于火力强，八路军久攻不下。有的干部担心天亮后敌人援军赶到，我军将处于不利地位。

在这关键时刻，罗荣桓将第1团政委戴润生叫到师指挥所，在听完戴的汇报后说："敌人是孤军深入，企图死守待援。但是，郓城、汶上日军兵力空虚。如临时从济南、泰安抽调，最早明天中午才能到达。现在已有部队向汶上方向警戒。你们放心打，要集中力量，一鼓作气，争取明天10点以前全歼残敌。"戴离开时，罗荣桓握着他的手说："两强相遇勇者胜。一定要把敌人消灭！"戴精神为之一振，立即返回前沿阵地，向指战员们传达了罗荣桓的指示，然后同团长周长胜重新调整部署，向敌人发起总攻。

罗荣桓又打电话给指挥师直几个连作战的参谋来光祖，询问战况。来汇报说，进攻时难免损坏民房。罗立即说："房子打坏了，战后再赔偿，现在要不顾一切消灭敌人。"来光祖将部队组成火力组、爆破组和作业组。

在火力组掩护下，作业组和爆破组登上房顶，作业组挖洞，爆破组朝屋里塞集束手榴弹。与此同时，3营指战员也扫清盘踞在石灰窑里的残敌，向车马店猛攻。鬼子顶不住了，打开南门向一片豆子地里乱跑。师部骑兵连及时赶到，战士们挥动着闪闪发光的大刀片，向敌人砍去。附近的老乡也纷纷赶来活捉四散逃跑的鬼子。

上午9时，敌人被全歼。打扫战场时，在一片洼地发现了长田敏江的尸体。6名日军士兵被活捉，那两门大炮也成为八路军的战利品。拉炮的马死的死，跑的跑。指战员们便牵来黄牛拉炮。大家谁也没有见过这么大的炮，牛套上去，怎么赶，炮口低垂，就是不动。一位侦察员说："我看鬼子拉炮时，炮口是向后的。"大家恍然大悟，于是又重新套牛，大炮才拉走了。

罗荣桓的眼镜缺一条腿，作战参谋来光祖早就注意到了。打扫战场时，他看到一副眼镜，就装进了皮包。回到指挥所后，他就嚷嚷着要酒精。罗荣桓关切地问他哪里负了伤，他说："我没有负伤，我有用。"酒精找来后，来光祖把眼镜擦拭干净，然后送到罗荣桓跟前说："拣了一副眼镜，你戴上试试。"罗荣桓戴上后向周围看看，再看看桌上的《水浒》和地图，高兴地说："好，就像是专门给我配的一样。"因为在农村找不到验光配眼镜的地方，罗荣桓常为眼镜坏了而苦恼，如今意外得到这副眼镜，可以说是如获至宝。

沼田德重毙命，长田大队覆没，刚从意大利进口的大炮被八路军缴获，使驻济南的日军第12军司令官尾高龟藏寝食难安。他纠集重兵开赴梁山地区，反复进行"扫荡"，企图寻找八路军主力作战，并夺回大炮。八路军将大炮埋藏后即分散活动，利用青纱帐同日军周旋。9月间，第686团奉命开往鲁南后，陈光、罗荣桓带了少数机关人员和一支小部队，换了便衣，进入东平湖，有时隐蔽在渔船上，有时住进小岛，并不时派小部队上岸打汉奸、筹款，协助群众反"扫荡"。

在梁山战斗中，共俘虏日伪军24名，其中日军6名也关押在东平湖内的一座小岛上。时间长了，八路军战士对他们的看管比较松。八九月间，连日下雨。9月13日傍晚，这6名俘虏决定乘当晚下雨时逃跑。这时，岗哨为了避雨，进了屋。这6名俘虏在被窝里塞满衣物，伪装成都已熟睡的假象，然后趁岗哨不在哨位的机会，冒着暴风雨下湖逃跑。有3名俘虏不会水，被淹死。其余3名从湖东上岸，跑到运河边，赶上发大水过不去，只好又往回跑，被民兵再次俘获。当时，那3名俘虏还未查明已被淹死。他们一旦跑进日伪军据点，八路军在湖中情况就将为日军掌握，日军必将进湖"扫荡"。陈光、罗荣桓立即决定马上离开东平湖。

日伪军的疯狂"扫荡",除了将那两门大炮挖走外,毫无所获。9月17日,陈光、罗荣桓在致集总的电报中指出:鲁西从8月2日到现在,敌人每天以汽车、坦克和步兵2000余人,轮流向我进击,现在梁山泊及郓城、巨野、菏泽、鄄城地区集中为八路军所控制。

梁山战斗以及其后的鲁西反"扫荡",基本上都是在平原地区进行,为八路军在平原地区展开游击战争创造了宝贵的经验。

提出"六字方针"

1939年秋,罗荣桓逐渐把注意力转向鲁南地区。

所谓鲁南,开始是指山东省津浦路以东、胶济路以南的广大地区。后来,在抗日战争中,因为斗争的需要,又把这个大鲁南划分为鲁中、鲁南、滨海三个区域。这个小鲁南指的是津浦路以东、陇海路以北、沂河以西、蒙山以南这一块地方。它是华北、华中的结合部,威胁着津浦、陇海纵横两条铁路,有十分重要的战略地位。

1938年,日军已控制了铁路,占领了鲁南的所有县城,但对山区仍然是鞭长莫及,大部分地区仍然由当地地主武装所掌握。

在那里也有一支由共产党领导的武装,它的番号是"人民抗日义勇总队",曾在临城、枣庄一带袭击日军,后来受到国民党顽固派秦启荣、申宪武的挤压,派人北上向中共山东省委求援。1938年7月,山东省委率领

山东人民抗日游击第4支队（后来改编为山东纵队第4支队）两个团到鲁南，打算同人民抗日义勇总队结合，建立鲁南抗日根据地。但是由于受地主武装的袭扰，不能立足，不得不退回鲁中。4支队退走后，人民抗日义勇总队只好接受当时对共产党态度尚好的国民党临沂专员张里元部直辖第4团的番号，困处于枣庄东北的抱犊崮山区。

1939年4月，国民党鲁苏战区总司令于学忠奉蒋介石之命，率东北军第51军、第57军约2万人进入鲁中、鲁南，驻扎于沂（山）鲁（山）、莒（县）日（照）、临（沂）费（县）等重要山区。于部到达后，国民党山东省主席沈鸿烈立即作出一个划分防区的"决定"，把八路军山东纵队的防区划在泰山、徂徕山以南、津浦路以东、滕县以北、石莱（在新泰县西南）以西的狭小山地，并规定：山东纵队，除胶东和鲁西各支队仍在现地外，其余支队一律在5月15日前到指定地域集结。显然，沈鸿烈搞这个决定是企图借于学忠之力，限制八路军的发展，并挑拨八路军和东北军的关系。这么一来，八路军在鲁南的处境更加困难了。

6月，日军2万人"扫荡"鲁中和鲁南。21日，毛泽东致电集总，指出：在日军"扫荡"后，鲁南局面混乱，省府秦部及东北军损失很大，我应趁此机会将第

115师师部及第686团（和）萧华（部）一部开赴鲁南，以巩固鲁南根据地，并应下放县长、区长，及在可能条件下放专员，以争取政权。毛泽东的电报中说的鲁南指的是大鲁南。此时，第115师师部已经转移到津浦路东鲁南的蒙阴县。

8月1日，第1纵队致电第115师，要求将第686团调往鲁南。于是，第686团立即从鲁西出发，过南阳湖，经邹县滕县边界，于9月初进入抱犊崮山区。抱犊崮山区的"崮"，指的是四周陡峭，而顶部比较平坦的山头。在山东胶济铁路以南的大片山区据说有72崮，如孟良崮、岱崮，抱犊崮亦为其中之一。它的顶部颇平，据说可以种庄稼，然而上去却很难。人可以顺着凿出来的一个个石窝攀登而上，但耕牛却赶不上去。相传古时候有个王老汉抱了一头小牛犊上去。喂大后用以耕地，抱犊崮因此而得名。

1923年，土匪孙美瑶在临城劫火车，绑架了几十名外国人，关押在抱犊崮山麓的巢云观，这就是轰动一时的"临城劫车案"。孙美瑶所以将抱犊崮作为扣留人质的场所，是因为这里地势险峻，交通不便。

正因为有这个临城劫车案，抱犊崮便远近闻名。于是，在抱犊崮周围的峄县、临沂、费县、滕县之间的鲁南山区，又称抱犊崮山区。

当第115师进入这个山区时,这里的大部分村寨都控制在地主武装手中。他们的人数少则30、50,多则成百上千,队伍不管大小,头目都称司令。传说这一带的司令和崮一样,也有72个之多。他们大都接受了国民党政府的委任状,有的还明里暗里同敌伪勾结。除滕县的孔昭同、大炉的万春圃外,他们对八路军或因不了解而心存疑虑,或因立场反动而采取敌视态度。八路军路过他们控制的村寨时,就紧闭寨门。指战员们要喝水,他们就把水罐从寨墙上吊下来,就是不让八路军进村,不让老百姓同八路军来往。

在罗荣桓赴湖西期间,第115师在鲁南采取了两个作战行动。

第一个行动是派部队以东进支队名义向大炉东南方向的郯(城)码(头)平原进军。郯码平原是苏鲁边界上的富庶地区。1939年11月18日,第115师参谋处处长王秉璋、政治部副主任黄励率领东进支队,攻占码头,不仅缴获了一批武器弹药和其他军用物资,还筹款20万元,指战员们在码头都换上了棉衣。

八路军来到码头后,在郯码地区出现了轰轰烈烈的抗日局面,抗日群众组织如雨后春笋般的建立。1940年元旦,在码头成立了由共产党领导的郯城县人民政府。罗荣桓将原苏鲁豫支队第4大队调到这一地区,改

称东进支队第2大队。他们在地方武装的密切配合下，开展游击战争，巩固了抱犊崮山区东南的外围阵地。在东进支队南下时，罗荣桓喜得一女，即取名南下。

第115师实施的第二个作战行动是打孔庄。孔庄位于大炉南面十来里。大地主杜若堂是当地的土皇帝，掌握着装备有机枪的武装，官府也奈何他不得。更早的时候不说，至少从清朝末年起，他家就不向官府完税纳粮。第115师曾争取他抗日，他非但拒绝，而且还从枣庄引来100多名日军袭击八路军。12月初，八路军攻克孔庄，击毙杜若堂。

攻克孔庄的胜利，震撼了大炉周围各村的地主。以往，他们闭门锁寨，拒八路军于门外，这时，有的转向中立，有的向八路军靠拢，八路军在鲁南的影响扩大了。

然而，在抱犊崮山区内，日伪、国民党顽固派、东北军、当地地主武装和八路军犬牙交错的状况基本未变。在这一复杂形势下，如何打开局面，乃是罗荣桓必须回答的问题。他提出，要在鲁南建立由共产党独立领导的抗日根据地。办法就是后来他在桃峪会议上提出的六字方针，即：插、争、挤、打、统、反。插，就是插入日伪军的空隙地带，隐蔽地由边缘伸入到腹地。争，就是广泛发动群众，争取团结一切抗日力量。挤，就是

挤掉消极抗日、积极反共反人民的顽固势力。打，就是打击日军和汉奸武装。统，就是同继续抗日的国民党军队，特别是驻在鲁南的东北军疏通团结，保持统一战线。反，就是反"扫荡"、反摩擦。

罗荣桓提出的这六字方针是毛泽东关于"发展进步势力，争取中间势力，反对顽固势力"的策略方针同鲁南的实践相结合的产物。1940年，罗荣桓娴熟自如地运用这六字方针，终于在敌、顽、友、我各种矛盾波诡云谲的复杂形势下，开创了鲁南抱犊崮山区的新局面。

微山湖畔　力挽狂澜

湖西地区处在微山湖以西的苏、鲁、豫、皖四省边界，紧靠津浦、陇海两条铁路干线，逼近战略要地徐州，是连接华北与华中两大战略区的纽带。抗战开始后，湖西人民在当地中共党组织领导下，发动了多次武装起义，成立了抗日武装，初步开创了湖西抗日根据地。1938年12月，第115师685团改编的苏鲁豫支队到达湖西，接连打了几个胜仗，粉碎了敌人的"扫荡"，打开了湖西的局面。后来，苏鲁豫支队同当地抗日武装合编，部队迅速发展壮大。1939年5月，苏鲁豫支队主力奉命越过陇海路向南发展，留下第4大队坚持湖西斗争。8月，在湖西地区突然发生了"肃托"事件，短短一个多月，被关押的党员、干部数百人，被杀害者二三百人。湖西地区的党组织——苏鲁豫区党委，除了一名书记，其余负责人全部被杀、被关。

湖西"肃托"事先并未向上级请示，山东分局和

115师开始都不了解那里的具体情况。罗荣桓从靠近湖西的冀鲁豫支队杨得志的来电中，得知湖西在"肃托"中杀了很多人；同时还接到苏鲁豫支队关于副支队长兼四大队大队长梁兴初也被逮捕的报告，他感到问题严重，立刻发电报，命令驻在湖西的苏鲁豫支队第4大队立即停止捕杀，并将杨得志的来电转给山东分局。这时，山东分局书记郭洪涛和张经武正要率领一批干部去延安，准备路过湖西，郭洪涛发电报同罗荣桓商量一起去处理此事。罗荣桓在出发之前，再次发电报通知在湖西的苏鲁豫支队政治部主任兼4大队政治委员王凤鸣：所有被押人员一律不得处决，要等他到达湖西后再作处理。罗荣桓带领保卫部干部及警卫部队10月下旬从鲁南抱犊崮山区出发，与郭洪涛、张经武会合后，昼夜不停地赶往湖西。罗荣桓亲自决定行军路线，部署沿途警戒，采取一切措施，加快行进速度。他们穿过津浦路，渡过微山湖，直奔单县。这时，4大队也已由鱼台县转移到单县朱集一带。为了防止王凤鸣捣鬼，罗荣桓决定不进王凤鸣的驻地，而驻在附近一个村子里，将随行部队部署在周围警戒，而后派人通知王凤鸣和区党委书记两人来汇报。同时，把带来的保卫部干部组成两个小组，立即深入下去，访问群众、干部和被害人的家属，调查事件真相。

经过调查了解，湖西"肃托"首先是从区党委下属的湖边地委搞起来的。原来，湖边地委办了个干部学校，学员多是爱国的青年知识分子。1939年8月，在干校青训班毕业的时候，有些学员提出，他们熟悉家乡情况，要求回去工作，不愿统一分配。地委组织部部长王须仁在干校处理此事。他向地委汇报说，学员"闹事"是因为有托匪活动，主持学校日常工作的教员魏定远嫌疑最大。于是将魏定远调到地委来，由王须仁亲自审讯，施用残酷的肉刑，逼迫魏定远供出了第一批"托派"名单。王须仁搞的所谓"肃托"，得到了兼任湖西区军政委员会主席的王凤鸣和湖西区党委书记的支持，王须仁便有恃无恐，用种种残酷肉刑进行逼供、诱供、指供。湖边地委的部长和各县委的主要负责人，几乎全被打成"托派"。

"肃托"，的恶浪，从地方又卷入部队。4大队的营、连干部，大多是经过长征的老红军，许多人也被扣上"托派"的帽子送进监狱。至此，王凤鸣一手独揽了湖西的党政军大权，王须仁成为他的高参和打手，区党委书记也变成他们的帮凶。

日军和国民党顽固派听到湖西"肃托"的消息，兴高采烈，都等待着共产党、八路军的"内乱"和"崩溃"。而湖西群众则人心惶惶；部队干部、战士人人自危，怕

被捕杀，有的被迫回家，有的逃到友邻部队。几年来党在湖西地区辛苦缔造的工作基础，几乎全被摧毁。

罗荣桓派人把王凤鸣叫来后，不屑看他事先编造好的那些材料，也没听完他繁琐的汇报，就单刀直入地问：

"你为什么把梁兴初抓起来？"

"他是托派，和徐州敌人有勾结。"王凤鸣振振有词地回答。

"有什么证据？"罗荣桓追问。

"有别人的口供。"

"这口供是怎样弄来的？"罗荣桓严厉起来，不等王凤鸣回答就进一步追问："你有没有打人？有没有逼供？有没有用刑？"

这一串连珠炮似的发问，使得王凤鸣一下慌了手脚，不得不吞吞吐吐地承认。

罗荣桓气愤地说："用刑罚逼出来的口供，算什么证据？！如果别人的历史不了解，梁兴初的情况你不知道吗？他爬过雪山，走过草地，身上穿了十几个窟窿。还有那个'苗子'（指的是二营副营长，因为是苗族，人们都这样亲切地称呼他），他是个奴隶娃子，14岁就跑出来当了红军，来到湖西才几个月，也被你打成了'托派'！"

王凤鸣还想狡辩，罗荣桓把桌子一拍，厉声责问道："你抓了那么多人，杀了那么多人，既不请示，又不报告，你无法无天到什么地步！我要不是带着部队来，我看你也会把我抓起来。"

曾经不可一世的王凤鸣，浑身无力瘫在椅子上。原先对王凤鸣唯命是从的区党委书记，这时也悔恨自己铸成了大错。罗荣桓教育他说：你们应当分析一下嘛！区党委的同志，像王文彬同志、张如同志在湖西拉起那么多武装，为党做了很多工作，如果他是托派，能这样干吗？

罗荣桓和郭洪涛当天就去看望被囚禁的梁兴初、李贞乾等同志。衣衫褴褛、面色憔悴的梁兴初，看到罗荣桓走进来，立即扑上前去，紧紧抓住他的双手，泣不成声地说："罗政委啊，您再晚来一步，我们就见不到您了！"罗荣桓搀扶他坐下来，看着他身上的伤痕，愤慨地说："这简直是胡闹！"罗荣桓向梁兴初问了些情况，告诉他是专门处理这个问题来的，勉励他打起精神，好好工作。接着，罗荣桓和郭洪涛又去看望了受刑最重的湖西地区专员李贞乾，派人将他转送卫生队，并亲自叮嘱卫生队负责人，要细心看护，精心治疗。他们又去看望了前山东纵队挺进支队政治委员影秋，并立即将他释放安排了工作。

经过调查，罗荣桓和郭洪涛一致认为，湖西的"肃托"是靠逼供信搞起来的，这个基本事实已肯定无疑，因此，不需要再一个个的调查，决定快刀斩乱麻，除几个案情比较复杂的，其余统统释放，恢复原来的工作。然后分别情况，进行必要的调查和善后处理。

几百个"囚犯"一下得到了自由，好像春风融化了冰冻。罗荣桓和郭洪涛召集被释放的同志开会，面对着一双双热泪盈眶的眼睛，罗荣桓亲切地说，同志们，你们受苦了，受委屈了！我代表山东分局和第115师向你们慰问！慰问受冤枉的同志，慰问无辜受害者的家属！场上响起热烈的掌声，人们再也抑制不住自己，接着是一片激动的哭声。罗荣桓的眼睛也被泪水蒙住了。他激动地说，这不仅是哪一个同志的不幸，这是我们党的严重损失！这是由于逼供信而造成的一次惨痛的教训。他痛心地指出，由于湖西"肃托"的严重错误，破坏了党的威信，削弱了党的战斗力，损害了共产党八路军和群众的鱼水关系。他号召全体同志，要加倍努力地工作，尽快地挽回这一事件造成的恶劣影响；要求受冤屈的同志，本着实事求是的原则，积极帮助组织把问题搞清楚。

郭洪涛和去延安开会的同志，在湖西住了几天，继续上路了。行前，罗荣桓要保卫部的同志起草了一份关于湖西事件的调查材料,由他审阅修改后,交给郭洪涛带往延安。

许多受迫害的同志被释放以后,揭露了王须仁大量骇人听闻的罪行。罗荣桓解除了王须仁的职务,交由保卫部门进行审查,不久,王畏罪自杀。

罗荣桓以果断的措施,挽救了湖西的危局,从根本上扭转了由于"肃托"而造成的极其险恶的局面,从而恢复和巩固了湖西抗日根据地。

12月下旬,罗荣桓回到鲁南,立即向山东分局作了汇报,并建议分局派得力干部去湖西继续进行善后处理。12月26日,罗荣桓在师直干部会议上,报告湖西事件的经过,指出了这一事件的严重教训。

对于那个在湖西"肃托"事件中负有严重罪责的王凤鸣,当时未能给他应得的处分。罗荣桓考虑到他经过长征,还能打仗,是被人利用,在政治上犯了错误,对其进行了严肃的批评教育后,调离湖西分配了其他工作。后来,中央决定给王凤鸣判处徒刑。罗荣桓接到中央指示后,立即回电报表示拥护中央的决定,并检讨自己对王凤鸣过于姑息。而王凤鸣偷听到中央对他的决定后,连夜逃跑投敌,当了汉奸。王凤鸣逃走的第二天,罗荣桓在师的政工会上讲话时,又就这个问题作了检讨。

留田突围

在这严酷的斗争环境中,为了解决统一山东军政领导和作战指挥问题,1941年8月19日,中共中央书记处和中央军委决定:"(甲)分局、第115师师部及山纵指挥部靠拢,以便经常开会,以分局会议为统一山东党政军民的领导机关,山东分局暂时由朱瑞、罗荣桓、黎玉、陈光同志组成,朱瑞为书记。(乙)山东纵队归第115师首长指挥,配合作战。(丙)将山纵及第115师两军政委员会合组为山东军政委员会。决定罗荣桓、黎玉、陈光、萧华、陈士榘、罗舜初、江华7人为委员,罗荣桓为书记。"山东分局随即按照中央这一决定,确定分局委员的分工:朱瑞主持党的组织工作,罗荣桓主持军事工作,黎玉主持政府工作,陈光主持财委会。

10月2日,罗荣桓率师部到达临沂青驼寺,主持召开了山东军政委员会的第一次会议,研究了第115

师和山东纵队建立统一指挥的问题，并对秋季反"扫荡"进行了部署。会后，中共山东分局、山东军政委员会、第115师和山东纵队分别发出粉碎日伪军"扫荡"的指示。

第115师的指示指出：在敌人大"扫荡"时，要广泛开展群众性的游击战，小部队要树立独立自主作战的精神，不要在遭受敌人第一次合击后陷于被动，应当适时跳出合击圈。在情况查明以前，先以敌为轴心转动，不宜跳得过远，免遭新的合击。要切实掩护群众，防止敌人杀害群众和抓走壮丁。连排干部要熟悉地形，做到60里以内不用请向导。

随后，陈光、罗荣桓又组织参谋人员到各要地查看地形、道路，布置情报通信网，组织游击小组，为反"扫荡"进行具体的准备。

此时，林月琴还在月子里面。她带着照料东进的保育员刘湘和东进、南下随师部行动。当师部准备反"扫荡"时，罗荣桓决定把南下送到东辛庄交给尹大娘抚养。刘湘一听就急了："自己的孩子怎么能送人呢？"林月琴劝她服从命令，随后便请了一个挑夫，一头挑着南下，一头挑着林月琴准备的婴儿的衣服、尿布和一些炒面，由刘湘送往东辛庄。走前，刘湘去看朱瑞。朱瑞给她写了介绍信，并告诉她行动路线。刘湘看到朱瑞的

夫人陈若克已经怀孕，便建议她也去东辛庄分娩。陈若克微笑着谢绝了。不久，陈若克在反"扫荡"时被俘，带着孩子英勇就义。刘湘每回忆起此事，便后悔当时劝说得不够坚决。

刘湘回来后，反"扫荡"的风声越来越紧。罗荣桓又把刘湘叫去，商量安排东进疏散的事。刘湘一听就急了，大声说："刚生下的闺女送了人，会跑的儿子也不要了，这可真是'空室清野'啊！"朱瑞、萧华看她着急的样子都笑了。他们连哄带劝，建议她把东进带回老家去隐蔽，等反"扫荡"结束后再回来，并对她说：做好这件事，也是对反"扫荡"的贡献。刘湘无奈，又去找林月琴反映。林月琴正在抄一份文件，头也不抬地说："东进这孩子从生下来就在马背上的驮篓里和老乡家的炕头上滚来滚去，什么苦都能吃。这次反'扫荡'就托你带好他吧！"

刘湘便化了装，带着东进隐蔽在老乡家里，环境紧张了就上山，躲在山洞里，直到反"扫荡"结束才返回部队，而那个婴儿却因为体弱，环境艰苦而夭折。

11月初，驻山东的侵华日军第12军司令官土桥一次中将纠集3个师团、4个旅团的日军主力，再加上伪军，共5万余人，对沂蒙山区进行大"扫荡"。这是抗日战争时期日军在山东敌后发动的规模最大的一次"扫荡"，也是罗荣桓主持山东军事工作以来面临的一次严峻的考验。

过去日军"扫荡"，搞的是什么"分进合击"、"拉网"，这一次又换了个新花样，叫"铁壁合围"。从这几个名词可以看出，日军的"扫荡"是一次比一次严密了。分进合击，缝隙很大；拉网，还有网眼；铁壁合围，那就如铁桶一般，该是插翅难飞了。

日军这一次确实是来者不善。11月4日，他们从沂蒙山以西的蒙阴县城出发，偷袭山东纵队机关驻地马牧池。山纵机关突围向东转移到南墙峪，不料又遭到从位于沂蒙山东部的沂水县出动的日伪军的合围。经过一天苦战，山纵机关才分散突围，随后向泰山区转移。由于情况紧急，山纵政委黎玉是翻墙头出村的。为了防止落入日军之手，山纵机关的电台砸了，密码也烧了，因而同友邻部队已经失去了联系。

陈光、罗荣桓在得知山纵在南墙峪遭日伪军合围后用电台呼叫，得不到回音，又派出许多侦察员，也没有查明他们转移到什么地方。与此同时，日伪军正逐步向留田逼近的情报却不断从四面八方传来。这时，第115师师部、山东分局和山东战时工作推行委员会（简称战工会，相当于省政府）机关共2000余人就住在留田一带，而战斗部队只有一个特务营。

5日拂晓，临沂、费县、平邑、蒙阴、沂水、莒县的日伪军，兵分11路，在飞机、坦克掩护下，从四面八方向留田合围。到下午，日伪军最近的离留田只有七八里，远的也不过十几里。特务营已经在留田周围的山头、隘口，构筑工事，实施警戒。

下午，在留田东南面一个叫牛家沟的小村子里，罗荣桓主持召开军事会议，研究对策。会议在一座草房的东屋进行。参加会议的有朱瑞、陈光、陈士榘、萧华和第115师司令部、政治部各部门的负责人，还有特务营的营长、教导员和副营长。他们有的坐在炕沿，有的散坐在炕下几张条凳上，有的干脆站着。由于人多，屋里坐不下，有几个干部坐在通堂屋的门口。

会场以炕为中心，炕上铺着大比例尺的军用地图。几位主要领导干部都坐在炕边。讨论的问题很集中，即如何突出重围。大家一面看地图一面讨论。概括地说，提出的方案有四：一是向东，过沂河、沭河，进入滨海根据地；二是向北，同山东纵队会合；三是向西，进入蒙山；四是分散突围。但是没有一个人是主张向南的，因为南面是临沂，是敌人的大本营。

然而，罗荣桓的主张却正是："向南！"

为什么要向临沂方向突围呢？罗荣桓分析了敌情，综合了大家的意见。东面，沂河、沭河已被敌人严密封锁，日军在沂、沭河之间集结了重兵，设下了埋伏。北面，敌人正疯狂南压，北面的沂蒙山区在国民党军队手中。他们在"皖南事变"后，同八路军关系恶化，最近刚刚同山纵交了火。如果我们北上，很可能遭到日、顽的两面进攻。西面，临沂通蒙阴的公路已经成为敌人戒备森严的封锁线。即使我们能够越过这道封锁线进入蒙山，那里也是敌人合击的目标。南面呢，正因为是敌人的大本营，敌人就不会料到我们会向它的大本营前进，向南走，可以出敌不意。既然日军把兵力都集中到了沂蒙山区，其后方必定空虚，那里倒可能要安全一些。至于分散突围，那只是应急措施。现在形势虽然紧张，但还没有到必须分散突围的程度。罗荣桓主张，先向南突围，跳出包围圈，然后向西，进入蒙山南部。

罗荣桓的意见，乍一听，出人意料之外，仔细琢磨，又非常合情合理。与会者都久经沙场，他们一点就通，一致赞成罗荣桓的意见。

方案定下后，罗荣桓便让作战科去通知集合队伍，又把特务营营长陈士法等人叫到地图跟前。他在地图上画了三道蓝线，又画了一条穿过这三道蓝线、由南转向西的红线，然后指着那三道蓝线说："这是敌人的三道封锁线。"又指指那条红线说："这是我们的行军路线，

由留田经张庄、高里，转向西南，越过（临）沂蒙（阴）公路，在这里宿营。"他的手指指向汪沟。那里离临沂不超过50里路。

罗荣桓交代了任务后，又给营里的干部做了具体分工，宣布了行军纪律：在跳出合围圈之前，不许说话，不许咳嗽，不许发出任何声响。

太阳落山，河滩里飘荡着雾霭，夜幕悄悄垂下。守卫在留田周围山头上的战士们，可以看到日伪军点起的一堆堆篝火。人喊马嘶，此伏彼起，间或还能听到日伪军士兵在不成腔调地哼着小曲。看来他们颇为得意，以为"铁壁合围"已经大功告成，只待天明发起总攻了。

这一天是阴历十七，有月亮。人们都担心月光会暴露目标。然而可喜的是有雾，月光透过浓雾朦朦胧胧，好像是为八路军施放的烟幕。

两三千机关人员都在留田东面的河滩上集合完毕，静悄悄地，等待着出发。

前卫一连要出发了。罗荣桓在侦察科长周云等陪同下走了过来，问道：

"你们哪个班担任尖兵班？"

"还是一班。"宋连长和王指导员回答。

"哪一位是班长？"罗荣桓走到一班跟前。

"报告首长,我是一班长回景和。"一班长出列报告。

"你们班担任尖兵的任务多,有经验。"

战士们听到政委表扬,心里都美滋滋的。

"不过,今晚的任务特别艰巨。这么多机关干部能不能安全跳出包围圈,就要看你们了。"

罗荣桓话音刚落,宋连长便立即回答:"一连坚决完成任务。"

接着,罗荣桓又检查尖兵班的准备情况。当他知道战士小贾正在发烧时,便让警卫员小郭把他的日本制造的军用水壶取来递给回班长说:

"你们班里有病号,把它灌上水,路上好用。"

当时,部队都未装备水壶。罗荣桓这把水壶是从战场缴获的日军军用品。以后,回景和在战争年代经历过多次轻装,可这把水壶一直保存着,视若珙璧,伴随着他度过了将近半个世纪的风风雨雨。

罗荣桓带着作战科和侦察科的几位干部,随前卫连先头出发了。他没有骑马,很安详地走着,不时用手势同队伍中的同志打着招呼。他不像是带着几千人去突围,倒像是去散步。指战员们看到他那从容不迫的神态,紧张的心情顿时平静下来。

侦察科副科长周云带了几名侦察员走在最前面。他

不时派人回来向罗荣桓报告前面的敌情。走到政治部驻地张庄,守候在路边的政治部的队伍也参加进来。日伪军的第一道封锁线到了。两股敌人之间的距离不足3华里。罗荣桓吩咐往后面传令:成3路纵队快速前进。队伍很快冲过了敌人的两道封锁线。途中,几次听到敌军的车马喧闹,都悄悄避开了。

到高里附近,向前看去,大小山头上火堆连着火堆。火堆旁,日军的巡逻兵的身影隐约可见。每隔10分钟,许多绿色信号弹便腾空而起。这里就是日军的第3道封锁线。队伍在此地停留了片刻。不一会,前面的侦察员回来报告:"敌人的巡逻兵已经解决,可以向前走了。"罗荣桓下令跑步前进。当队伍经过两个火堆之间时,八路军的3个侦察兵已经穿上了日军的军大衣,正代替已经上了西天的日本巡逻兵施放信号弹,向日军指挥官报告平安呢。过了高里,已是敌人后方,果然守备空虚。部队折而向西,在埠山庄休息。此地紧靠临(沂)蒙(阴)公路,离临沂城只有50华里。

这时,天已大亮了。在村边不用望远镜就可以看到,日军的后续部队和辎重部队正源源北上。就在敌人鼻子底下,罗荣桓命令派出警戒,就地宿营。当大家和衣躺在草铺上时,远方传来隆隆炮声。敌人对留田的总攻开始了。对于劳累了一夜的指战员来说，这炮声无疑是最好的催眠曲。

这次突围，八路军未费一枪一弹，未损一兵一卒，便安全跳出日伪军 5 万大军的包围。

创造"翻边战术"

1942年,山东抗日根据地处于最艰苦、最困难的时期。

经过1941年近4万日军和从国民党军队转化过去的18万伪军对抗日根据地进行分割、封锁和频繁的"蚕食"、"扫荡",使抗日根据地的面积由3.6万平方公里缩小到2.5万平方公里,人口由1200余万下降到750万。除滨海、鲁中和胶东还有比较大一点的根据地外,鲁南、冀鲁边、清河和鲁中的泰山分区已经被切割成零零碎碎的游击区和小块的根据地。鲁南根据地变成"南北几十里,东西一枪穿"的细长条。

冀鲁边的八路军大部换了便衣,哨兵只能在宿营的房前屋后秘密站岗。为了防止日伪军的突然袭击,指战员们每夜都要转移几处宿营地。

罗荣桓把山东这种困难局面称为"接近胜利的难关,拂晓前的黑暗"。为了冲破这拂晓前的黑暗,1942

▲ 1941年至1943年，八路军山东军区部队两次取得郯城战斗的胜利。图为战斗胜利后举行的战利品展览会

年，罗荣桓将很大精力用在指导游击战争上面。从7月到11月，他在山东《大众日报》、山东分局党刊《斗争生活》和第115师的《战士》月刊上先后发表了《坚持我们的边缘游击区》、《准备打破敌人紧缩包围封锁我们的根据地》、《反对敌人"五次治强运动"与"新国民运动"的报告提纲》、《克服在执行游击战中认识上的一些偏差》等重要文章。

按照罗荣桓的指示，山东各根据地建立和加强了游击基干小组，建立隐蔽的情报网和联络站，把边缘游击区的群众用民兵、妇救会、儿童团等形式组织起来，在

漫长的边缘地区构成了严密的警戒线,破坏日军修的路,挖的沟,砍掉它的电线杆,将日军孤立的据点长期围困,迫使日伪军撤退或将其消灭。武装工作队则立足于边缘游击区,插入敌占区的方法是首先建立关系户,取得立足点,然后逐步由点到线,由线到面,采取隐蔽斗争的方法,依靠基本群众,进而团结开明士绅和爱国人士,利用合法的形式,秘密组织群众抗日斗争。如以看坡队、打更队的名义组织秘密抗日武装;以戒烟会、戒赌会、忠义保国团、读书会等名义组织秘密抗日团体,进而秘密发展党员,建立秘密支部,逐步把整个村子建成秘密的抗日堡垒。1943年山东共开展了8000个村庄的隐蔽工作,团结敌占区和边缘游击区群众300万人。

粉碎日伪军对根据地的"蚕食"和"扫荡",是在敌后分散性游击战争环境中反复出现的现象。如同"围剿"和反"围剿"的长期反复是十年内战的特点一样,"扫荡"和反"扫荡"、"蚕食"和反"蚕食"就是敌后游击战的特点。针对这一特点,1942年罗荣桓提出了"翻边战术",即把主力部队不是设置在根据地的腹部,而是部署在靠近一路敌人的根据地的边沿地区。当敌人"扫荡"时,不是"敌进我退"、"诱敌深入",而是"敌进我进",即在弄清敌人特别是当面之敌的动向后,趁敌人的包围圈尚未紧缩，尚有较大空隙时，选择敌之弱点，由根据地经边缘游击区，"翻"到敌人后方去，打乱敌之部署，粉碎敌之"扫荡"。他认为，由于日军是异民族侵略者，在政治上处于劣势地位，即使在其占领区也是十分孤立的。加之其兵力稀少，后方空虚和八路军长期在敌占区的工作，八路军在敌占区仍可得到群众的支持而取得行动的自由权。

罗荣桓正式提出翻边战术虽然是1942年，但他在过去历次反"扫荡"中早就在实践这种战术，1940年鲁南反"扫荡"和1941年的留田突围都是范例。他在1941年提出的反"扫荡"时要以敌为轴心转动是这一战术形成时的一种形象表述。翻边战术是罗荣桓对山东抗日根据地反"扫荡"的成功经验的总结。

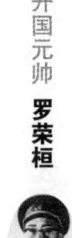

抱病任职

1942年底,因过分劳累,罗荣桓尿血不止,但因在敌后缺乏必要的医疗条件,查不出病因。一个月后,罗荣桓日见消瘦。山东分局和115师领导人朱瑞、陈光、萧华向中央报告了罗的病情。1943年3月11日,罗荣桓也致电中央,要求准许他休养半年。12日,毛泽东、朱德复电:"你的病如果还不是很严重,暂时很难休息。"因为此时中共中央已决定,由罗荣桓担任山东军区司令员兼政治委员、第115师政委兼代师长,秋天又任命罗荣桓为中共山东分局书记,在山东抗日根据地实现了一元化领导。罗荣桓抱病接受了中央赋予他的重任。山东军区和115师合并后,首要任务是精兵简政,配备好各级领导班子。

在配备领导干部时,罗荣桓坚持搞"五湖四海"、任人唯贤,反对拉山头、搞宗派。他经常讲,团结的人越多越好,不能搞一朝天子一朝臣。他说:"如果因为个人（对干部）的熟悉不熟悉，决定使用不使用，领导者就不会使用大量的干部，只是在熟人的小集团中去打圈子，领导者要变动工作就想到把熟人也来一个搬家，必然会造成个人的干部政策倾向。"他还说：如果以合乎个人口味来说，那么能够使用的干部就少得可怜了，甚至可能用一些庸俗的吹牛拍马钻营的角色。

由于他十分注意"五湖四海"，山东军区和第115师师部合并后，两个单位的干部之间亲密无间，很快形成一个团结战斗的整体。

在精兵简政中，部队旅缩编为团，部分团、营也缩编为营、连。对多余出来的干部，罗荣桓着眼于战后，除老弱病残交地方妥善安置外，对骨干均予保留，没有位置则降级使用，作为今后部队大发展的酵母。

1943年4月，罗荣桓的病仍不见好。经军委批准，他在原115师卫生部长谷广善和林月琴陪同下，于5月底到达淮南区盱眙县黄花塘新四军军部，请奥地利籍泌尿科专家罗生特诊治。罗生特查明，罗荣桓得的是肾病，但究竟是肾肿瘤还是多囊肾，因无X光机，仍无法确诊，只能暂作保守治疗。为了能让他安静地休养，新四军领导特地把他安排在一个环境清幽的去处。但由于他一心牵挂着山东战局，无心静养，6月20日便踏上归程。在途中，罗荣桓对守护在担架旁的林月琴说：

"我要订一个五年计划,争取再活五年,打败日寇,死也瞑目了。"

1943年初,蒋介石命令李仙洲率领其嫡系部队28集团军从皖北进入山东,接替东北军于学忠部的防务。此事引起了在山东的敌、顽、我、友各个方面的强烈反应。日军当时正全力扶植汪精卫,对李部照打不误。于学忠出鲁并非自愿,是蒋介石对他排挤的结果。李部入鲁扩大了蒋于、李于之间的矛盾。山东国民党的各派有的投奔李仙洲,有的仍倾向于学忠。

罗荣桓审时度势,根据党的统一战线政策,提出欢迎李部入鲁抗战的口号。然而李部入鲁后,却勾结惯匪刘黑七,提出"先打八路,后打鬼子"的口号,占领八路军的根据地。根据这一情况,7月4日罗荣桓致电中央提出:对于部出鲁,给予便利,与此同时,对李部则在自卫的原则下,歼其一部,阻滞他们东进和北上,不让他们接近于部。在于部撤走后,迅速占领他们空出的阵地。经中央批准后,阻李入鲁反共的战斗同时在鲁西南和鲁南打响了。李部竭尽全力也无法接近于学忠的防地,而于部则顺利通过八路军指定的路线撤走,八路军迅速占领了他们空出的阵地,山东的屋脊——沂蒙山区和诸莒山区,新开辟解放区9000平方公里。李部在遭受惨重损失后看到北进无望,也撤回皖北。从此,山东已无国民党的主力部队，罗荣桓将这一斗争称为"山东军民的杰作"。

罗荣桓认为，八路军占领沂蒙山区和诸莒山区后，必将引起敌伪的注意。于是向山东的滨海、鲁南、鲁中、清河和胶东五个军区部署了反"扫荡"。从11月起，日军开始进行大"扫荡"。"扫荡"首先从鲁中开始。罗荣桓看到敌人兵力不足，在"扫荡"鲁中的同时，其他地区兵力空虚，乃命令各军区依据自己情况，主动向敌发动进攻，以牵制"扫荡"鲁中之敌。鲁中军区在反"扫荡"时击毙了曾流窜华北、杀人不眨眼、反复无常、多次投降日军的贯匪刘黑七，为山东人民除去一大害，取得很大胜利。日军见"扫荡"鲁中无效，又突然转向清河地区。

罗荣桓电告清河军区转到外线打击敌人，同时又命令滨海军区乘机攻打赣榆，迫使伪军李亚藩部1600余人投降。鲁中军区也转入反攻，歼灭伪军吴化文800余人，攻克20余处据点。其他军区也纷纷向敌人进攻。敌人捉襟见肘，被迫于12月中旬撤出清河根据地，"扫荡"失败。这一年，山东八路军共解放国土1.9万平方公里。1944年1月26日，延安《解放日报》发表了《山东军民反"扫荡"胜利》的社论，指出："我山东军区的反"扫荡"的斗争，也比过去任何一次来的持久、主

动、有准备、有计划，山东军区的团结一致，斗争的奋不顾身和战术的灵活机动机巧，在这次斗争中有了极优良的表现。"

1944年6月15日，罗荣桓发表《紧紧掌握对敌斗争、巩固成绩，反对自满》，提出了"为反攻和战后作准备"的任务，也就是为了防止国民党在战后对人民的进攻而准备好山东这一块由共产党单独领导的完整的战略基地，准备好强大的自卫武装力量。

为达此目的，罗荣桓提出的山东总的战略部署是：完全控制沂鲁山区、扩大诸莒山区，使胶济路南的三个战略区连成一片，向胶济路东段两侧地区发展，以打通和加强胶济路南北各战略区的联系；在胶济路北，彻底改变渤海区被封锁分割的局面，变游击区为根据地，肃清胶东腹心地区的敌伪势力，创造更有利的局面。

发动大反攻

1945年4月20日,中共第七次全国代表大会在延安隆重召开。罗荣桓、黎玉、萧华等代表由于要坚持山东敌后斗争,未去延安参加大会。

此时罗荣桓正忙于准备发动夏季攻势。4月12日,他主持制定了《夏季5、6、7月作战命令》。为了把山东5个战略区打成一片,命令要求集中力量打通渤海、胶东、鲁中、滨海等4个战略区的结合部——胶济铁路东段两侧地区。当时,在山东的伪军,除吴化文部已向西窜到泰山地区外,其余如张步云、厉文礼、张景月等部都聚集于此。这些伪军就是夏季攻势主要的进攻对象。

5月1日,日军为了控制山东沿海,防止美军登陆,突然增兵山东,用3万人的兵力,以滨海为重点,进行全区性的大"扫荡"。罗荣桓立即下令暂时停止执行《夏季5、6、7月作战命令》,转入反"扫荡"。

在反"扫荡"中,罗荣桓同过去一样,除用电报指挥各军区反"扫荡"外,还亲自率领军区机关与"扫荡"的日军周旋。虽然他的病情很重,经常尿血,行军时不能不坐担架,但仍然以顽强的毅力坚持指挥,使军区机关多次巧妙地躲过日军的合围。

经过20余天的奋战,至5月26日,各区先后胜利结束反"扫荡"。鲁中军区在沂源以东的石桥地区伏击日军,击毙日军第53旅团吉川资少将以下600余人。滨海军区部队在安东卫、柘汪重创日军,粉碎了日军侵占安东卫的企图,并在日照、郯城外围发动攻势。全区共攻克日伪据点110处,毙伤日伪军3000余人。

6月6日,在"扫荡"山东各根据地的日军撤退以后,山东军区命令继续执行夏季(5、6、7月)作战计划。

6月9日,中共第七次全国代表大会选出第七届中央委员会。罗荣桓当选为中央委员,黎玉、万毅当选为候补中央委员。

此时,罗荣桓的病情又加重了,毛泽东对此非常关切。就在选举中央委员会的那一天,他给罗荣桓发来电报说:"病未好甚系念。拟派林彪同志来鲁,尚未最后决定,稍迟当可酌定电告。你可于休养中,在病情许可下指导大政方针,工作多交黎玉同志办。"

对于政府工作、统战工作,罗荣桓一直倚重黎玉。

▲ 图为八路军缴获的国民党军美械武器之一部

但是，黎玉并不十分熟悉作战指挥，罗荣桓还必须亲自处理。19日，他致电毛泽东，报告了山东斗争情况，决心继续执行因反"扫荡"而中断了的"三个月作战计划"。

7月12日，罗荣桓、黎玉、萧华和参谋处处长李作鹏致电中共中央军委和集总，报告了作战部署，准备延长作战时间一个月，争取在8月底彻底完成任务。

按照山东军区的部署，各军区从6月初至8月上旬的两个月内共进行了10余次较大战役，歼灭日军300余人，伪军和叛军3万余人，扩大解放区约1.1万平方公里，解放了郯城、邳县、蒲台、滨县、南皮、沾化、德平、庆云、费县等县城和寿光东北凫羊角口海口、诸城以北的景芝、郯城以西的码头等重镇。在胶济路东段两侧地区的伪军、叛军厉文礼、张步云、张景月、张天佐、李德元、阎珂卿、赵保原、王豫民等部，以及在鲁南的张里元、梁钟亭、申从周、王洪九等部，或被歼灭，或遭重创。在泰山区的吴化文部被重创后于6月间逃窜到安徽。

经过3个月的作战，山东形势发生巨大转变。胶济路两侧和鲁南地区的伪军、叛军大部分扫掉了，山东几个战略区连成了一片。山东八路军已经控制了渤海和黄海绵长的海岸线和众多出海口，海上武装力量有了发展，加强了同华中新四军的海上联系。以我为主、准备反攻的局面已经形成，大反攻和争取抗战最后胜利的曙光已经出现在眼前。

"真正的英雄"

1945年8月10日，日本政府发出乞降照会。8月11日，延安总部连续发布命令，要求各根据地武装部队向敌占区积极进军。当天晚上，罗荣桓主持召开山东分局和山东军区高级干部联席会议，讨论和部署了大反攻的进军任务。罗荣桓在会上指出：要迅速整编部队，向铁路线和大城市进军，迫使敌人向我军缴械投降。他特别提醒大家："敌人虽然投降了，还不等于缴械。蒋介石一定会利用日伪军来对付八路军，同我们争夺山东。因此，不要认为日本投降，我们就可以顺利受降，就没有事了。"8月13日，罗荣桓和黎玉、萧华联合发布动员令，命令山东各部队紧急动员起来，完成对敌人最后之一击，迫其迅速投降。此后，山东全区部队在8月中旬立即进行整编，共编为8个师，12个警卫旅，4个独立旅，共27万人。从8月中旬开始，分为鲁中、滨海、胶东、渤海、鲁南5路大军，向敌占城市和交通

要道挺进，准备攻取济南、青岛、徐州、连云港和烟台等城市。

5路大军的健儿们英勇作战，攻城夺寨，在半个月内取得辉煌战果，至8月下旬，山东的日伪军被压缩在铁路沿线和少数孤城中。

8月22日，中央军委发出《关于我军目前行动方针的指示》，指出：由于敌伪将大城市及交通要道交给蒋介石，在此种形势下，我军应改变方针，除个别地点仍可占领外，一般应以相当兵力威胁大城市及要道，使敌伪向大城市及要道集中；而以必要兵力着重于夺取小城市及广大乡村，巩固解放区，准备应付新局面。遵照军委指示，山东军区在罗荣桓等领导下，立即调整部署，向临沂等中小城市进军。

攻占临沂的战役时间最长，战斗最激烈，罗荣桓对这一战役也最为关怀。当时，驻守临沂的日军，于8月16日逃往枣庄，临沂城内由猖狂反共反人民的王洪九等三股伪军2000余人固守顽抗。山东军区组织了5个主力团，于8月17日开始，连续发起进攻，均未奏效。罗荣桓看到临沂久攻不下，非常着急。他本想亲自到临沂前线指挥，但因病情加重，连续尿血，未能如愿。他把在临沂前线负责指挥的同志找回来，详细听取了汇报。他进一步说明了攻占临沂的重要意义，批评了指挥上的轻敌麻痹思想，确定了下一步作战方案：即一面在阵地前沿对敌展开政治攻势；一面改变主攻方向，在城西北角实行土工作业，把坑道挖到城墙下进行爆破。部队按照罗荣桓指示的作战方案，认真进行准备。9月10日清晨，爆破成功，突击部队占领了突破口，经过连续爆破，继续攻击，并进行了逐屋争夺的激烈巷战，到11日上午，占领了全城，歼灭2000多伪军，历时25天的临沂战役，胜利结束。

经过一个多月的大反攻，山东5路大军收复县城46座，攻克烟台、威海等6个重要港口，占领火车站35处，歼灭拒绝投降的日伪军6万余人。

1945年8月20日，中央军委电告："中央决定从山东调两个团(万毅支队在内)，冀鲁豫调一个团，冀中调一个团，共四个团，归万毅率领开赴东三省。"

9月11日，罗荣桓收到中央来电：决定从山东抽调4个师12个团共2.5万至3万人，分散经海道进入东北，并派萧华前去统一指挥。当时萧华正在博山前线指挥作战，罗荣桓发急电让他赶回山东军区接受新任务。萧华来到后，罗荣桓先让他看了中央来电，而后对他说："我们同国民党争夺东北，对中国革命有决定意义。中央决心很大，要我们先机进入东北。那里背靠苏联，是工业基地，可以作为大后方；有了东北，中国革命胜利

会更快到来。你带部队到东北去,主要任务就是在东北局领导下,争夺这个对全国革命斗争有战略意义的地方。首先把农村和中小城市控制起来,搞掉汉奸土匪,稳定社会秩序,建立根据地。"罗荣桓还对萧华说:"你们到那里,困难一定不少,思想上要准备长期斗争,甚至要准备打游击,要有独立坚持的决心"。

1945年9月19日,中共中央发出《目前任务和战略部署》党内指示电,指出,目前全党全军的主要任务,是继续打击日伪,完全控制热、察两省,发展东北我之力量并争取控制东北,以便依靠东北和热、察两省,加强全国各解放区及国民党地区人民的斗争,争取和平民主及国共谈判的有利地位。指出,山东主力及大部分干部迅速向冀东及东北出动。第一步,由山东调3万兵力到冀东,协助冀热辽军区肃清伪军,开辟热河工作,完全控制冀东、锦州、热河。另由山东调3万兵力,进入东北发展,并加装备。电报最后指出,全国战略方针是向北发展,向南防御。只要我能控制东北及热、察两省,并有全国各解放区及全国人民配合斗争,即能保障中国人民的胜利。并决定调罗荣桓到东北工作。将山东分局改为华东局,陈毅到山东工作。10月,中央又来电催促罗荣桓"率轻便指挥机关,日内去东北"。遵照中央的电示,罗荣桓在九十月间组织了山东部队6万余人、地方干部4000多人，分三批经海、陆两路去东北，并给山东留下了40多个团，包括第四师、第八师等主力部队。

10月5日，陈毅到达临沂。24日，罗荣桓率轻便指挥机关，乘汽车离开临沂城，沿台潍公路向东北行进。行至黄县龙口，胶东军区司令员许世友等人从前方赶来送行。罗荣桓把自己骑了多年的战马送给了许世友；许世友解下刚缴获的一支手枪，回赠给罗荣桓。

罗荣桓在龙口登上了小汽船，告别了山东大地和人民，于第三天拂晓，在辽宁金县以东的貔子窝登陆，然后到辽阳，11月抵达沈阳，就任东北人民自治军第二政治委员。

1945年11月中旬，罗荣桓到达沈阳，在三经路博物馆找到了东北局，把机关人员安顿好以后，就立即投入紧张的工作。他首先了解了苏军、东北人民自治军、进入东北的国民党军的基本情况：驻沈阳的苏军对东北人民自治军态度基本上是友好的，但因受"中苏条约"的约束不让人民自治军在沈阳驻扎部队，并且准备在撤走时把沈阳交给国民党政府；八路军进入东北的部队已有11万余人，他们来自四面八方，互不熟悉，装备又差，必须迅速整编，使其置于东北局统一指挥之下；在敌人方面，国民党的全美械化的石觉部第13军和半美

械化的赵公武部第52军共约7万人，已海运到秦皇岛登陆，杜聿明也亲赴前线，指挥这两个军向人民军队控制的山海关进攻。了解了这些基本情况，罗荣桓着重考虑和大力抓紧的，就是战争和整编部队两个问题。

11月15日，毛泽东给东北局来电，要求进入东北的部队"坚守山海关、绥中之线，节节抗击，消耗疲惫敌人"，并指示"于最有利之时间、地点，由林彪或罗荣桓亲自去指挥，举行反攻，分作几次战斗，歼灭敌人。"东北局当即决定林彪去山海关前线指挥作战。就在这一天，国民党军集中第13军全部和第52军主力共5个师，在大量炮兵和飞机配合下，向山海关我军阵地发起全面攻击。扼守山海关的山东第七师和冀热辽部队奉命顽强抗击，战斗十分激烈。由于国民党军装备精良，又有炮空优势，我军远道新来，立足未稳，械弹缺乏，加之兵力严重不足，遂于11月16日主动放弃山海关。

12月13日，罗荣桓向林彪及西满分局发出《对创造东北根据地的意见》的电报，提出：东北已无我独占局面。我军应争取控制沿中长路两侧广大地区，使各大城市处于孤立之中，这样将会造成国民党还是处于劣势地位的可能。并应争取在1个月内开展创造根据地的工作，放手发动群众，整训充实野战军，建设地方军，统一作战指挥与后方组织。这些意见,同半个月后党中央发出的关于《建立巩固的东北根据地》的指示,精神是完全一致的。

1946年1月10日,国共双方达成"停战协定"。但蒋介石在美帝国主义支持下,又片面宣布"国共停战,东北除外"。于是,便出现了关内小打,关外大打的局面。在东北,国民党军继占领锦州之后,又侵占了黑山、义县、北票、朝阳、阜新等地,并向沈阳逼近。就在国民党军大举进攻之时,2月中旬,东北民主联军集中7个团的优势兵力,将侵入秀水河子的国民党军266团全部、265团1个营及师属山炮连,突然包围,全部歼灭,无一漏网。这是东北民主联军打的第一个典型的歼灭战。与此同时,在对敌南路的盘山以东的沙岭战斗中,民主联军却没有打好,虽然包围了新6军的1个团,连续三天一夜,反复攻击,终未奏效,后来援敌赶到,被迫撤出战斗。这两个战例,罗荣桓曾多次用来教育干部。他总结经验教训说:沙岭战斗,我们5个团又两个旅打敌人一个团,数量上虽然优于敌人,但战斗力不如敌人。参战部队思想上、战术上都不够成熟,组织装备也不行,内部不能团结,指挥上也不统一。加上对敌我两方面缺乏正确估计,敌人已经站住了脚,筑起工事固守起来,我们的火力没有组织好。结果,我们伤亡很

大，也没有把敌人消灭。秀水河子战斗和沙岭战斗相比，条件不同。秀水河子战斗我们都是主力，老部队。罗荣桓着重指出，一定要按条件办事，要承认敌强我弱这个事实；不能只有一手，还要有第二手、第三手，打仗没有后手是不行的，要以老部队作骨干，要长期打算，重视部队的建设和整顿。

1月间，罗荣桓病情恶化，经前日本陆军医院检查确诊是肾癌，医生认为必须动手术。东北局决定他去大连治疗。到大连后，因苏军医院设备简单，不能做大手术，建议他在朝鲜平壤苏军总医院诊治，罗荣桓遂于2月16日到达平壤，正值农历正月十五元宵节。在平壤期间，金日成很关心他的病情，曾和夫人亲到医院看望他，并赠送一台收音机，供他收听新闻。经平壤苏军总医院检查，他的病再次确诊为肾癌。但因医疗设备不足，也无法进行手术，建议他尽快去莫斯科治疗。于是，罗荣桓于3月上旬又回到大连疗养。他虽在养病，却时刻挂念着东北的全局。3月15日，他致电林彪转报中央，提出：东北战争要作较长时间准备，不要把和平估计过急，应全面开展工作，全力支持这一长期战争。加强我军主力，保持元气，同时巩固地方武装，发展游击队，以造成主力进行运动战的更有利条件。

罗荣桓在大连密切注视着东北战局的变化。3月13

日，国民党军进占沈阳，接着又占领了辽阳、抚顺、铁岭。4月初，国民党军大举进攻四平，东北民主联军进行了艰苦的四平保卫战。罗荣桓在4月23日致电东北局和党中央，对准备粉碎国民党军进攻问题，提出了自己的看法。他认为，国民党军正在扩大战场，对我采取分进合击，便于我各个击破，并已开始遭到严重打击。或许今后敌人会引起警惕，不敢冒进。但我军采取一纵一攻，从运动中寻求其弱点，集中我优势力量予以各个击破的办法仍将适用。就在罗荣桓发出这封电报的前后，东北民主联军在保卫四平的同时，先后解放了长春、齐齐哈尔、哈尔滨3座城市，歼敌2.6万余人。实践证明，罗荣桓的这些意见是符合实际的。5月18日，东北民主联军在抗击并消灭了大量敌人之后，主动放弃四平。

　　5月中旬，罗荣桓返回东北局。5月19日，他参加了"前总"在公主岭附近的范家屯召开的会议，讨论下一步行动和今后的作战方针。当时有两种意见，一是主张继续坚守长春，不能再退；另一种是主张撤出长春，撤到松花江以北。罗荣桓赞成后一种意见。经过讨论，东北局最后决定：向松花江北岸撤退，先退到哈尔滨。会后不久，罗荣桓即随同东北局转移到哈尔滨。东北民主联军于5月23日由长春撤至松花江一线。国民党军

于5月30日进到松花江南岸后停止前进。

6月6日，国共双方达成在东北停战15天的协议。后因国民党军队对新的进攻未准备好。实际停战了4个月，到10月10日才开始向南满东北民主联军大举进攻。因此，从6月初起，东北暂时呈现一种缓和局面。东北局抓紧这一暂时休战的难得机会，接受了罗荣桓不久前3次电报的建议，在6月中旬积极部署了3项重要工作：第一项是迅速总结和推广"诱敌分散、各个击破"的作战经验。这对于鼓舞士气，坚定必胜信心，提高部队作战能力，都是极为迫切、重要的。第二项是确定坚持东北斗争的方针。6月12日，林彪、彭真、罗荣桓发出《当前南满任务及东北斗争方针》的指示，明确指出：东北的斗争，我们一方面力争和平，但应以99％的准备作艰苦的、持久的战争打算。我们斗争的根本方针，应当依靠乡村的广大农民群众，坚决实现清算减租分地的斗争。今后主力兵团的作战方针，是避免打大的阵地战和大的运动战，而应打中、小规模的运动战。对城市的方针，应当在可能的条件下，尽最大限度的努力以保持城市，但在客观条件显然不可能保持时，则应适时断然预先放弃，免得造成既损伤了力量，又仍然失掉了城市。以致对有利的作战机会不能及时使用。第三项是剿灭土匪。罗荣桓同林彪、彭真研究了东北各地特别是北满地区土匪活动的情况，于6月12日以东北局名义发出了《剿匪工作指示》，要求所有剿匪地区都必须充分发动群众。东北局抽调了千余名干部组成工作团，随剿匪部队一同出发进行工作。

中共中央于6月16日决定组成新的东北局，以林彪为书记、东北民主联军总司令兼政治委员，彭真、罗荣桓、陈云、高岗为副书记、东北民主联军副政治委员，刘亚楼为参谋长，谭政为政治部主任。

6月26日，蒋介石撕毁停战协定，大举进攻中原解放区，从而爆发了全面内战。

1946年8月上旬，罗荣桓乘火车到达莫斯科。经过4天详细全面的身体检查后，医院给罗荣桓做了手术，切除了长了肿瘤的右肾，不料由于刀口缝合不好，伤口破裂，引起大量出血，不得不再做缝合手术。医生看他头冒汗珠，忍住疼痛，一声不哼，翘起拇指连声赞他是"真正的英雄"。

1947年3月，医院复查认为罗荣桓的肾功能仍有问题，同时还有高血压和心脏病，建议他去克里米亚疗养。罗荣桓夫妇正收拾行李，准备南下，苏方联络部人员心情沉重地通知罗荣桓：国民党占领了延安。

当时，苏联人都把延安看成是中国的莫斯科。在苏联的卫国战争中，莫斯科没有沦陷，对此，苏联人颇

为自豪，也因此，他们把放弃延安看成是严重的事件。有一高级军官在报刊撰文，以悲观的语调评论延安的"不幸撤退"。有的人说，丢了延安，是中国共产党的错误。在莫斯科的一些中国留学生，受到这种影响，也因此为祖国的革命前途担忧。

这时，罗荣桓的心早已飞回到祖国波澜壮阔的解放战争战场了。他婉言谢绝去南俄疗养，决定立即回国。苏方医务人员劝阻无效，只得在罗荣桓的出院通知书上，写下了手术后的肾功能情况，特别又增添了"心脏病、高血压"两项病变，建议休养3年，又规定每天工作绝对不能超过3小时。

罗荣桓打点行装，准备回国之前，对林月琴说："你看，照现在这样，我又可以多订几个新的五年计划了！"

林月琴看到他老病总算除掉了，也感到十分欣慰。

1947年5月，罗荣桓回国后立即投入紧张的工作。此时，林彪专务作战，部队的思想建设、组织建设、后勤建设、动员工作与军工生产等均由罗荣桓分管。

罗荣桓回国不久，即发现第3纵队正在进行以诉苦为主要形式的阶级教育。他指出："这是一个具有重大意义的创造，解决了当前教育的主要内容和方法问题，是部队政治教育的方向。"他授意政治部起草了关于普遍开展诉苦运动的训令，还授意《东北日报》撰写社论

《部队教育的方向》。经过推广和引导，诉苦运动在东北各部队轰轰烈烈地开展起来，极大地提高了广大指战员的阶级觉悟。诉苦和随之而开展的练兵运动大幅度地提高了部队的战斗力，为即将到来的同国民党军的战略决战，准备了一支精锐的大军。1947年9月28日，毛泽东亲自修改向全军批转了第3纵队进行诉苦运动的经验。

与部队开展诉苦运动同时，东北广大农村开展了轰轰烈烈的土改运动。

东北地区的土地改革在取得了很大胜利的同时，也曾发生某些"左"的偏差。例如在挖地主的浮财时，有的地方农民成群结队进城，把兼营工商业的地主在城里的财产也挖走了。有的还准备把私营的工厂、商店也当作"浮财"分掉。

在一次东北局的会议上，罗荣桓讲了过去中央根据地在王明"左"倾教条主义统治时期侵犯工商业者利益的教训，认为这样做不符合党的政策，不利于发展生产、繁荣经济、支援战争。由于李富春等大多数委员支持罗荣桓的意见，终于顶住了让农民进城"挖浮财"的错误意见，纠正了这种"左"的偏向。

在1948年二三月间的东北军区政治工作会议上，罗荣桓明确指出："姓'穷'的打姓'富'的，只能是打

开国元帅 罗荣桓

击地主，不能打击工商业。"

当时，以"贫雇农打天下坐天下"代替党的领导的唯成分论的观点和"群众说了算"的口号，曾一度流行。罗荣桓也顶住了这种"左"的偏向，他说："军队绝对不能搞贫雇农坐天下。如果这样搞，就是反干部、反知识分子。"有些地方政府打电报到部队，要将一些出身不好的干部要回去，交群众斗争。罗荣桓说："这些干部虽然出身不好，但已背叛了原来的阶级。"没有同意这些地方政府的要求。

在土地改革中分得土地的翻身农民为了保卫胜利果实，有着参军的巨大积极性，而战争越打越大，补充和扩大部队已成为部队的急需。因此，罗荣桓倡议组建第二线兵团，即动员大批工人和翻身农民入伍，抽调野战军或地方武装的基层干部和老战士作骨干，不经过地方武装逐步升级的阶段，直接编为独立团，实施短期训练后，补充主力部队。1947年7月，东北局作出了成立二线兵团的决定，并分工由罗荣桓主持此项工作。组建二线兵团是人民军队动员工作在新形势下的发展。经过一年工作，二线兵团共有164个团、37万人补充入部队，超过东北人民解放军总人数的1/3。

参与指挥辽沈战役

解放战争进入第三年时,在东北战场上人民解放军已占压倒优势,国民党军被迫采取了重点防御,确保沈阳、锦州、长春,相机打通北宁线的方针。根据这一形势,中央军委决定把战略决战的第一个战役放在东北战场。先打长春还是先打锦州,这是关系着决战的第一个战役能否彻底胜利的重大决策问题。

1948年4月18日,林彪、罗荣桓等曾讨论了打长春的问题,并将计划报中央请示。电报提出,东北我军在目前进行的政治、军事训练结束后,拟于5月中下旬集结9个纵队攻打长春和阻击援敌,力求在半个月左右时间内打下长春结束战斗。目前只有打长春的办法好,其他意见,如打铁岭、抚顺、本溪、新民,如打义县、攻锦州,如向锦州、唐山之线进击,所遇敌军甚强,我军粮弹衣服不济,困难比较多,故均不适应。毛泽东在4月22日复电指出,"同意你们先打长春的意见"。"我

们同意你们先打长春的理由是先打长春比较先打他处要有利一些,不是因为先打他处特别不利,或有不可克服之困难。你们所说打沈阳附近之困难,打锦附近之困难,打榆锦段之困难,以及入关作战困难等,有些只是设想的困难,事实上不一定有的。"5月下旬,林彪集中两个纵队试攻长春,未能攻克,遂提出对长春采取"长围久困"的方针。东北局同意了林彪的意见,并决定在吉林前线召开会议进行部署。吉林会议于6月15日召开,罗荣桓听取了长春前线部队领导同志的汇报,了解到长春守军的情况,最后作了总结,决定:在军事上,一面要对长春敌人实行紧缩包围,一面要开展大练兵,进行攻城与打援的训练;在政治上,要利用敌军内部矛盾和恐慌动摇心理,全面展开政治攻势,以瓦解敌军;在经济上,封锁敌人空投和防止粮草流入城内。此外,经罗荣桓提议,决定改变过去不让群众出城的办法,对在敌人"杀民养兵"的残忍政策下被驱逐的群众,给以收容和安置,挽救了大批人的生命。这次会后,经过4个月的围城,打退了敌人3次试探性的突围和运粮活动,歼敌4000余人,争取敌军官兵1.8万余人投诚。

7月,东北局重新讨论了东北战场形势和东北解放军作战行动问题,向中央军委报告后,7月20日和22日林彪、罗荣桓、刘亚楼给中共中央军委发去两份电报。20日电报指出：最近东北局常委重新讨论了行动问题，大家认为我军仍以南下作战为好，不宜勉强和被动的攻长春。我们意见东北主力待热河秋收前后和东北雨季结束后，即是再等1个月到8月中旬时，我军即以最大主力开始南下作战，首先以奔袭手段分别包围歼灭义县、锦西、兴城、绥中、山海关诸地之敌，然后迅速进行夺取承德和打援的战斗。我军南下最大的困难是粮食的接济，但可以解决。22日电报指出：如果华北敌人确实空虚，则我军南下与晋察冀配合作战，则有全部歼灭敌人，夺取天津、北平的重大可能；同时，亦必然引起长春、沈阳敌人撤退，达到解放东北的可能。毛泽东于7月22日复电同意。指出：现在你们已经将注意力移到向南作战方面，研究南面的敌情、地形、粮食等项情况，看出其种种有利的条件，这是很好的和很必要的。并且应向全军指战员首先是干部充分说明这些条件，以鼓励和坚定他们向南进取的意志和坚定他们的决心。

为了适应主力南下后领导上的需要，8月14日，中央军委批准：东北军区和野战军分开，罗荣桓任东北军区第一副政治委员、东北野战军政治委员。8月29日，在罗荣桓主持下，发出了《辽沈战役行动前政治动员指示》。指出，我暂时放弃攻击长春，而以最大主力南下，向北宁线挺进，是为了坚决歼灭分散于北宁线上

守备的敌人,切断与摧毁东北敌人与华北的联系,求得全东北解放早日到来。《指示》号召全军指战员从思想上动员起来,发挥高度的英勇精神,争取全歼东北敌军。东北野战军热烈响应"动员指示"的号召,根据各部队的作战任务,进行了深入的、有针对性的思想教育工作。与此同时,东北局领导各地方党组织,动员东北人民,克服一切困难,全力支援战争。仅参战民工就动员了160万,担架1.3万余副,大车3.6万余辆,形成了空前热烈的支前高潮。

9月7日,毛泽东发出《关于辽沈战役的作战方针》的电报,明确指示:"置长、沈两敌于不顾","确立攻占锦、榆、唐三点并全部控制该线的决心",以造成关门打狗的形势。根据军委指示和毛泽东提出的作战方针,从9月12日至11月2日,罗荣桓和林彪领导东北野战军进行了辽沈战役。各路大军按照进军命令,在百万民工配合和广大解放区人民支持下,于北起长春、南至唐山千余里的战线上,展开了大规模的战役行动:6个纵队、3个独立师、1个骑兵师和炮纵主力,夜行晓伏,长途奔袭,分别包围锦州及北宁线上敌军各据点;4个纵队及1个骑兵师位于新民西北地区,监视沈阳敌人;1个纵队在开原地区准备围击长春之敌突围和沈阳之敌北援;1个纵队、6个独立师和炮纵一部继续围困长春。

这时,罗荣桓分析了东北敌人的态势,他说:"东北敌人的态势从地图上看是个'人'字形。长春是头,沈阳是肚子,北宁线是一条腿,从沈阳经辽阳到营口的中长路南段是另一条腿。现在如果打长春、沈阳,敌人会拔腿就跑。砍掉敌人两条腿,它光剩下头和肚子,就只能束手就擒。毛泽东坚决主张先打下锦州,同时把长春围起来,沈阳的问题就好解决了。"

9月12日,辽沈战役打响了。9月23日,林彪、罗荣桓率指挥部坐上回哈尔滨的火车,然后南下。一路上夜走日停,10月2日到达辽宁省的彰武。

这时,我军已先后攻克昌黎、北戴河、绥中、兴城、义县和锦州郊区敌人的据点,按计划将锦州团团围住,准备发动总攻。

在彰武火车站正准备开早饭时,值班参谋向参谋长刘亚楼报告情况:东面发现一架敌机。刘亚楼命令所有人员下车分散隐蔽。

还没等下完车,飞机就到了车站上空,这是一架侦察机,扫射一通就飞走了。

林彪决定停车隐蔽暂时不走了。于是,全体人员按指定的地域分散到附近的村子里。电台人员迅速架线、安机、联络。为了安全,林彪和罗荣桓被分别安排在相

距很远的两个村子里。

下午,电台收到一份电报,获悉蒋介石从关内增调兵力到葫芦岛的消息。对此,林彪增加了顾虑,他说:"准备的是一桌菜,上来两桌客,怎么办?"

就在这一天,蒋介石飞到了沈阳。

自从我军突然出现在北宁线,打响了辽沈战役后,蒋介石发现解放军要打锦州,他明白只要解放军把东北进关的大门一关,他的50多万军队就要输个精光。蒋介石深知解放军这一着的厉害,急得像热锅上的蚂蚁。

蒋介石开始增调兵力。他命令傅作义调5个师加上山东两个师,海运至锦州附近的葫芦岛,与原有的4个师共11个师组成东进兵团,由侯镜如指挥;又命令抽调沈阳地区的11个师和3个骑兵旅组成西进兵团,由廖耀湘指挥,企图东西对进,增援锦州。9月30日,蒋介石飞到北平动员傅作义出兵。10月2日,又飞到沈阳给他的部下打气。他故作镇静地说:"我这次到沈阳,是来救你们出去的。"这"东西对进"就是他的锦囊妙计。

这时,沈阳的敌人开始向锦州方向西进,但在沈阳以西有解放军的3个纵队,足以抵挡,而且沈阳离锦州还远,不会很快到达。所以,林彪对这股敌人并不在乎。使他十分担心的是从葫芦岛登陆的敌人。因

此，当他10月2日接到敌人4个师从葫芦岛登陆的敌情通报后，犹豫起来。当晚，他不同罗荣桓商量便向毛泽东发了电报，提出以下两个方案：(一)锦州如能迅速攻下，则仍以攻锦州为好，省得部队往返拖延时间。(二)目前如攻长春，则较6月间准备攻长春时的把握大为增加，但须延迟半月到20天时间。电文末尾又称："以上两个方案，我们正考虑中，并请军委同时考虑与指示。"从这个电报，可以看出林彪对敌人从关内增援，对受两面夹击顾虑过甚，有回去打长春之意，攻锦州的决心发生了动摇。

罗荣桓得知林彪发了这个电报，认为不妥，第二天一早，便和刘亚楼一起去找林彪商议。罗荣桓深一脚浅一脚地走在前面，头也不回。刘亚楼看到罗荣桓的脸上神色严峻，两手微微发抖，知道他生气了，并尽力克制着自己。刘亚楼想劝劝罗荣桓，但又想不起该说些什么，只好一言不发地跟在罗荣桓后面默默地走着。

罗荣桓此时非常恼火。他心想，南下作战已经酝酿了好几个月，毛泽东一再指示，东北局也作出了决定。现在，军委已经批准了作战计划，部队已开进了指定地域，并扫清了锦州外围，怎能因为敌人增加了4个师就又变卦呢？现在如果把部队从战场上撤走，敌人肯定要顺着北宁路东进，或是从海上逃跑。如果是这样，怎

开国元帅 罗荣桓

还能谈得上"关门打狗"呢？再说，要是东北的50多万敌人再和华北的敌人纠集在一起，那么，下一步作战的代价就更大了。

罗荣桓越想越生气，他觉得这是关系全国战局的大事，怎么能不商量商量就以林彪、罗荣桓、刘亚楼三人的名义向中央发报呢？

罗荣桓见到林彪，开门见山地问他：

"101（林彪的代号），是不是给军委发了报，考虑回师打长春？"

"是的。"林彪不认为他的动摇有什么错，慢条斯理地解释道："关内的敌人又增派了4个师，海运到葫芦岛，加上锦西的兵力有10万人。锦州城里有8个师，工事坚固，不是短时间能拿得下来的。锦州一打响，葫芦岛和锦西的敌人必然倾巢而出，我们不一定堵得住，这样我们就会陷入被动。与其打这个没把握的仗，不如回去打长春要稳妥一些。"

罗荣桓尽力使自己保持冷静，耐心地说："为了打锦州，中央是三令五申。现在好不容易把几十万部队拉到锦西，锦州的外围已经肃清，部队官兵战斗情绪高涨，忽然又不打了，干部战士会怎么想？"

林彪摇摇头："敌情变了，不能冒这个险！"

罗荣桓紧接着说："敌情变化并不大……"

▲ 罗荣桓(左一)与林彪(右二)等在锦州前线指挥作战

林彪开始意识到自己有几分理亏,他的口气和缓下来,解释说:"我是向军委建议,锦州能迅速打下还是打锦州。但是从目前情况看,自然是打长春比较有把握。这两个方案是请军委同时考虑嘛!"

罗荣桓淡淡一笑说:"电报里头强调了打锦州的困难,打长春有利,明显地是要回师打长春嘛!我看军委是不会同意的。"

林彪站起身,来回踱步,问刘亚楼:

"参谋长,你的意见呢?"

刘亚楼说:"我同意罗政委的看法,还是打锦州好。"

这时,林彪可能已经意识到自己太轻率了,便叫秘书到机要处去,撤回那份电报。过了一会儿,秘书跑回来说,电报已经发出去了。

林彪皱起眉头,做了个手势让秘书出去。

"怎么办？"刘亚楼看看林彪和罗荣桓。

林彪没有吱声。罗荣桓便开口说：

"重新表个态，说明我们仍然打锦州。"

林彪点点头。以往起草电报稿，都是由他口授，秘书记录，再交他修改。这次他却不吭声，刘亚楼转而请罗荣桓起草。罗荣桓写完电稿，交林彪过目。林彪将电文的前4个字"前电作废"和电文中有关检查的字句删掉，然后交机要处译发。电稿中明确表示"我们拟仍攻锦州"，并相应提出了新的措施。

10月14日，东北野战军对锦州发起总攻，经过31小时激战，全歼守敌，战局急转直下，关门打狗之势形成。东北敌人全部动摇。在长春，17日，军长曾泽生率第60军起义。19日，东北"剿总"副总司令郑洞国率部放下武器，长春解放。与此同时，蒋介石再次飞到沈阳，继续策划廖耀湘的"西进兵团"与锦西、葫芦岛的"东进兵团"，东西对进，要重占锦州；并令第52军占营口，准备接应东北残敌撤退。

10月21日，第10纵队和第1纵队第3师转移到黑山、大虎山一线，构筑工事，准备围击西窜的廖耀湘兵团，同时5纵、6纵由阜新、彰武地区南下，切断廖部退回沈阳之路，以掩护从锦州前线北进的主力部队多路展开，将廖耀湘兵团合围。23日，黑山阻击战打响，揭开了解放军历史上前所未有的大兵团围歼战——辽西会战的序幕。敌军在飞机、大炮掩护下，成营、成团地轮番向黑山猛扑。10纵和1纵3师以与阵地共存亡的决心，英勇顽强，浴血奋战。

25日，从锦州前线赶来的解放军各个纵队完成了对廖耀湘兵团的合围。同日，蒋介石又一次飞到沈阳督战，他看到廖兵团突围无望，于26日在日记中写道："东北全军，似将陷于尽没之命运，寸中焦虑，诚不知所止矣。"至28日拂晓，廖兵团10余万人包括新1军、新6军、新3军、第71军、第49军悉数被歼，廖耀湘被俘。国民党的"五大主力"五丧其二。11月2日，沈阳守军13万余人被歼，沈阳解放。与此同时，我军收复营口，歼敌1.4万人，还有万余人乘船逃脱。至此，辽沈战役胜利结束，东北全境解放。东北野战军于是成为中国人民革命武装力量的战略预备队，随时待命进关。

辽沈战役后，东野部队奉调入关，由华北军区部队协同，解放平、津等地。林彪、罗荣桓统一指挥参战部队。在平津战役中，罗荣桓作为平津前线政治委员，参与了同国民党华北"剿总"总司令傅作义方面关于和平解放北平的谈判，继天津激战29小时获得解放后，北平和平解放。随后罗荣桓又主持了同傅作义、董其武等

关于和平解放绥远问题的谈判。辽沈、平津两大战役的胜利（连同淮海战役的胜利），已基本确定中国人民革命战争在全国的胜利。继而罗荣桓参与组建和领导的第四野战军，挥师南下，解放了湖南、广东、广西等地，为中国人民的解放事业作出了巨大贡献。

首任解放军总政治部主任

1950年,中共中央任命罗荣桓为中国人民解放军总政治部主任和总干部管理部部长。

在主持总政治部工作期间,罗荣桓首先抓领导干部的配备。为了使领导机关能够迅速熟悉和掌握在不同地区作战的各部队的历史和现实状况,交流各部队的经验,在配备干部时,罗荣桓在坚持"德才兼备"条件的同时,特别注意掌握"五湖四海"的原则。在配备总政治部副主任、总干部部副部长和这两个单位的二级部长时,照顾到了红军时的各个方面军、抗战时的八路军各师和新四军及解放战争时期的各个野战军的情况,正确使用全军各方面的干部,因而使总政治部的工作顺利展开。

为了把人民解放军建设成一支现代化革命军队,建国初期,罗荣桓着重抓了部队的文化教育,干部的政治理论教育,军事训练中的政治工作,以及政治工作条例

的制定。罗荣桓认为，加强现代化建设是人民解放军具有重大历史意义的转变，提高文化正是改善部队军事政治素质、实现现代化的一个重要步骤。1950年总政组建不久，罗荣桓就主持制定了《关于在军队中实施文化教育的指示》，要求全军除执行规定的作战和生产任务外，必须在今后一个相当时期内以提高文化为首要任务，使军队成为一个大学校，培养大批人才，以适应军队现代化建设的需要。这一指示发出后，得到全军热烈响应，掀起了学习文化的高潮。与此同时，罗荣桓还组织全军干部系统学习革命理论。1950年底，他在全军宣传文化工作会议上讲话，着重谈了加强政治理论学习的问题。此后，部队干部的政治理论学习，就逐步走向正轨，并形成了学习高潮。

1953年，中央军委发出全军要实施以军事为主的正规训练的决定后，罗荣桓认真贯彻执行。总政治部立即发出《关于实施正规训练中的政治工作指示》，要求全军认识这一正规训练是人民解放军建军新阶段的开始，是人民解放军由低级阶段向高级阶段转变的重大步骤，要以高度的政治热情和勤学苦练的精神，投入到训练中去。他还要求注意训练的实际效果，反对走过场、赶进度，不求实效的形式主义。

罗荣桓还号召广大政工干部要深入到训练现场，学习军事，钻研技术，及时发现问题、总结经验。罗荣桓抱病到部队视察，发现在正规化训练中，有些人忽视了群众路线和民主作风，只强调官教兵，不实行兵教官，以致发展了命令主义和形式主义的偏向，使训练质量受到很大影响。

在他的主持下，1954年《中国人民解放军政治工作条例(草案)》正式颁布。条例颁布后，部队中机械搬用外来经验，忽视人民解放军光荣传统的现象，仍时有发生。为了克服这一倾向，罗荣桓于1955年8月，在病中写了《继续发扬我军的光荣传统》一文。为了使政治工作条例顺利实施，在50年代，罗荣桓以病弱之躯，呕心沥血，奋斗不息，作出了巨大贡献。

1954年，解放军政治学院成立，罗荣桓兼任院长。罗荣桓任院长期间还认真总结政治学院的教学经验，提出"一条线五结合"的学习方法。"一条线"就是学习毛泽东著作以党史为线。"五结合"，就是学习毛泽东著作与学习马、恩、列、斯的著作相结合；与学习党的路线政策相结合；与学习当前国际国内形势以及军队建设相结合；通读与专题研究相结合；经常性理论教育和政治运动相结合。这一方法体现了毛泽东一贯倡导的理论联系实际的革命学风，体现了人民解放军政治工作的优良传统。

▲ 1959年，十大元帅中的贺龙、叶剑英、林彪、刘伯承、罗荣桓（从右至左）在一起合影

罗荣桓长期带病工作，由于身体原因，1955年9月，他请求辞去总政治部主任和总干部部长职务，并建议由谭政继任总政治部主任、萧华继任总干部部长。中共中央于10月间同意了他的请求。1959年7月，罗荣桓任中共中央军委委员兼管民兵工作。1960年底，林

彪发动了对总政部主任谭政的批判斗争。随后,毛泽东决定,由罗荣桓复出,再任总政治部主任。1961年之后,罗荣桓以坚强的党性,一面同疾病作斗争,一面又同林彪的日益暴露和发展的错误进行着艰难的、不懈的斗争。

反对教条主义

1961年初,针对林彪提出的毛泽东思想是当代思想的顶峰,对毛泽东思想要带着问题学,"活学活用"、"立竿见影",罗荣桓明确提出了异议。

1961年1月,济南军区政委梁必业调到总政任副主任,罗荣桓在同他谈话时指出:"带着问题学,就是要到毛选中去找答案。这样提不适当。比如两口子吵架,发生了问题,如何到毛选中去找答案?还是应当学习立场、观点、方法。"梁必业在总政办公会议上传达了罗荣桓的意见。

对林彪的"顶峰"论,罗荣桓也明确表示不赞成。他在听取总政干部部部长甘渭汉汇报干部工作后说:"把毛泽东思想说成是当代思想的顶峰,那就没有发展了?毛泽东思想同马列主义是一样的。马列主义向前发展了,毛泽东思想也要随着时代的发展而发展嘛!"

1961年1月27日,在总政召开的青年工作座谈会上，罗荣桓作了多次即席讲话。他说："学毛著必须反对教条主义，要好好学习《改造我们的学习》。小平同志讲，对毛选宣传要反对庸俗化。只喊口号不行，不能各取所需。这个问题一定要注意。"他还说："如何学习毛泽东思想，是学习词句，还是学习立场、观点、方法，这是严肃的政治问题。""对毛著引证要认真负责，不能不理解就去引，只当作招牌。""要防止借宣传毛主席来突出自己。"

1961年2月2日，罗荣桓在萧华、刘志坚、徐立清、梁必业陪同下，接见了《解放军报》副主编以上的干部，对报社工作发表了许多重要意见。他从正面阐述了应当如何学习毛泽东思想的问题，反复强调："要领会毛主席思想的精神实质，不要满足于引证某些词句。"他说："对马恩列斯不要教条主义，对毛主席思想也不能教条主义，不能只引证某些词句。毛主席的文章很少引证马克思、恩格斯怎么说的，但他讲的是马列主义的精神实质。"

在这次接见时，罗荣桓还提出了"对林总的宣传要认真负责"的问题。他认为，把林彪"随便讲的一些话"，"不分场合报导出来，是不好的"。他说："今天这样讲，明天可能不这样讲。客观认识是反反复复的。就那么准确？那就难了。"

从罗荣桓这些讲话可以看出，他和林彪在如何学习毛主席著作问题上的分歧已经越来越明显了。

4月间，在哈尔滨军事工程学院读书的罗东进就毛主席著作学习问题写信给父亲罗荣桓求教。罗荣桓回信道："所谓带着问题去学毛主席著作，决不能只是从书本上找现成的答案。历史是向前发展的，事物是多样性的，因此也就不可能要求前人给我们写成万应药方。"

4月30日，军委常委开会讨论《合成军队战斗条例概则（草案）》，"草案"中套用了林彪提出的"带着问题学"等几句话。在会上，罗荣桓当着林彪的面指出：

"'带着问题学'毛选，这句话要考虑，这句话有毛病。"

林彪对这句发明权属于他的话佯作不知地问道："这句话毛病在哪里呀？"

罗荣桓示意坐在他斜对面的总政副主任梁必业将"概则"的有关段落读了一遍。

林彪感到十分难堪，可又不便发作，便问道：

"那你说应该怎么学呀？"

罗荣桓坦率地说，"应当是学习毛主席著作的精神实质。'带着问题学'这句话改掉为好。"

罗荣桓讲完后，林彪半晌不吭声。几分钟过去了，无人发言。林彪只好说："不好，就去掉嘛！"

罗荣桓接着说：

"还是去掉好。学习毛主席著作一定要从根本上学，融会贯通，要学习立场、观点、方法，紧密联系实际……"

"好吧，散会！"林彪没等罗荣桓说完，便打断了他的话，宣布散会，接着便站起身，拂袖而去。

与会者面对林彪的突然发作，都怔了。罗荣桓对于林彪如此粗暴无礼，非常生气。他尽力克制自己的怒气，手有点发抖地将文件装进公文包，然后步履沉重地离开了会议室……

回家以后，罗荣桓心情十分不好，他几天来一直思考这个问题。散步时还不时自言自语："讨论问题嘛，为什么这个样子！""难道学几条语录，就能把部队建设搞好？"林月琴问他是怎么回事，他又摇头不语。

5月1日，按照林彪的指示，《解放军报》开始在报眼刊登毛主席语录，要求内容与当天报纸版面相吻合，以便大家"活学活用"。为了完成这一任务，报社抽出专人每天查找语录。但有时把毛选从头翻到尾，也找不到合适的。语录一连登了几天后，就难以为继了。李逸民感到这是林副主席交代的任务，不选又不行，选又选不出，十分为难，便又去向罗荣桓请示。罗荣桓立即明确答复："办报纸主要是贯彻毛主席《对晋绥日报编辑

人员的谈话》的精神，贯彻群众路线，坚持真理，要有生动、鲜明、尖锐、毫不吞吞吐吐的战斗风格。至于毛主席语录，找几条可以，找不到也可以。毛主席著作不可能对现在的什么事情都谈到。要学习精神实质，不能像和尚念经，敲破了木鱼，还不知道西天佛祖在哪里呢！"

对这一个重大原则问题，既然林彪听不进不同意见，那就只好向中央反映了。于是，罗荣桓拿起了电话机，要通了总书记邓小平的电话。

邓小平接到电话后，感到罗荣桓所反映的问题十分重要，便拿到书记处会议上讨论。经过讨论，大家一致赞成罗荣桓的意见。对此，邓小平于1975年9月在农村工作座谈会上回忆道："林彪把毛泽东思想庸俗化的那套做法，罗荣桓同志首先表示不同意，说学习毛主席著作要学精神实质。当时书记处讨论，赞成罗荣桓同志的这个意见。"

不要特殊照顾

罗荣桓不仅在住房等生活问题上从来不提什么个人要求，而且在名誉、地位的面前，都始终保持着一个无产阶级革命家的高尚情操。

1956年，在党的八届一中全会上，罗荣桓当选为中央政治局委员后，中央办公厅按规定要给他增派工作人员，增加车辆。他一概拒绝，说："我现在身体不好，具体工作管得不多，有一个秘书管管文件就行了。"

为了照顾秘书的学习和休息，罗荣桓在通信员送信来时还常常亲自收发文件。按照当时的规定，在他家里可以放映专场电影，但他坚决反对这样做。有一次他不在家，放映队来放了一场电影。他知道以后很不高兴，严肃批评了身边工作人员和总政文化部的负责人。以后在他家里再也没有放过电影。

罗荣桓从不因为自己有病而要求特殊照顾。有一次他住院回来，发现家里多了4张躺椅，就问秘书哪里来

开国元帅 罗荣桓

的，要秘书退回去。秘书解释说，"总后的首长说，因为您有病，办完公好靠着休息休息。"他说："乱弹琴，我一个人害病，用得着4张躺椅吗？都给我搬回去。"秘书很为难，不想去退。他最后说："不退也成，一定要照原价给钱，用我的薪金。"他常常因心脏病发作而卧床不起。医生为了他在床上看文件、读书、找人谈话方便些，就从北京医院借来一张摇床。他批评医生说："医院有许多病人比我更需要，怎么能把医院的床搬到自己家里来呢？"林月琴怕医生为难，就婉转地问："你不同意借，咱们自己出钱做一张可以吧？"最后还是林月琴拿了400元钱到上海订制了一张病床。

罗荣桓十分注意公私分清，在小事上也绝不含糊。有一次，他到政治学院，院务部的同志让随从人员带回一小包学院自己培植的蘑菇，让首长尝尝。罗荣桓吃饭时看到了蘑菇，忙问是哪里来的，家里人告诉了他。为这件事，他专门向秘书交代，让他教育司机、警卫员等工作人员，今后外出绝对不允许接受别人送的任何东西。

他在东交民巷的住所靠近某机关的后院。有一次那里修理锅炉，整天敲得震天响。警卫员怕影响他休息，就去找人家提意见。他知道后对秘书说："要批评警卫员，这样做很不好，我休息怎么能影响人家的工作呢。"他在杭州想到北高峰去参观。因为山比较高，警卫处丁处长给准备了一副滑竿跟在后面。走到半路，丁悄悄对随行的顾医生说："路不好走了。你去讲讲，请首长坐滑竿吧。"顾医生到罗荣桓跟前一讲，罗荣桓直摆手，头也不回，拄着拐杖径直走上山去。回到住处后，罗荣桓对顾医生说："你这个同志搞什么名堂，我是出来休息游览的，怎么能叫人抬呢？"顾解释说："你身体不好，抬滑竿的人都是自己的同志，又不是雇的人。"他连连摇头，很严肃地说："不好。不用说叫我坐了，让他们跟在后头也不应该，想也不应该这样想嘛！"

以无比坚强的毅力同疾病作斗争

1963年9月,罗荣桓因病情严重,旧病复发,心绞痛,血压不稳,肾功能也不行了,再次住进北京医院。他以无比坚强的毅力同疾病进行着最后的斗争。

由于肾功能衰竭,罗荣桓患了尿毒症。当时的治疗方法主要是向腹内注射很多的生理盐水,停半小时再抽出来。盐水注进去,肚子胀得像个鼓,他默默忍受。尿中毒使他浑身奇痒,没有什么办法能止住,只好做热敷,而又常被烫出水泡。他一声不响,也不责怪别人。尿毒刺激肠胃,不能吃饭,吃了就吐,他又以坚强的意志,一口一口地吞下去。这样,吃了吐,吐了吃,一顿饭有时要吃四五次。每当勉强地吃进一点东西,他就带着胜利的笑容说:"又打了一个胜仗。看来对病也要抗!"

由于病情发展得很快,罗荣桓已经很难起床了,但他还是一次次地挣扎着坐起来,反复地说:"让我坐起

▲ 1963年，罗荣桓在病重期间坚持工作

来，站起来。能站起来就是胜利。"那时医院里还没有轮椅，林月琴把家里的一把旧靠椅装上4个轮子，在医院的走廊里推着他活动。过惯了军队紧张生活的罗荣桓，是多么想从这里走出去，再投身到火热的斗争中去啊！

可是，罗荣桓的病情更重了。他常常进入昏迷状态。同志们万分焦急，但他醒过来却宽慰大家说："人总是要死的，这是新陈代谢，自然规律嘛！"党和国家领导人，元帅们和将军们以及他的许多老战友，络绎不绝地来看他，他都嘱咐他们要保重身体，好为党为人民多做一些工作。朱德来到他的病床前，满怀期望地说：

"荣桓同志,你还要和疾病继续斗争啊!"

罗荣桓眼望着这位老领导、老战友,平静地说:"这一次恐怕斗不赢了,实在斗不过去,也只好这样了!"

毛泽东悲痛逾常

1963年12月16日下午2时37分,中国人民伟大的儿子、无产阶级忠诚的战士罗荣桓元帅,心脏停止了跳动。

这天晚上,毛泽东在中南海颐年堂召集会议,听取聂荣臻等汇报十年科学技术规划。开会前,毛泽东提议大家起立为罗荣桓默哀。默哀毕,毛泽东说道:"罗荣桓同志是1902年生的。这个同志有一个优点,很有原则性,对敌人狠,对同志有意见,背后少说,当面多说,不背地议论人,一生始终如一。一个人几十年如一日不容易。原则性强,对党忠诚,对党的团结起了很大的作用。"

会后,毛泽东悲痛异常,几天几夜不能安寝,遂写成七律一首《吊罗荣桓同志》:

记得当年草上飞,

红军队里每相违。
长征不是难堪日，
战锦方为大问题。
斥鷃每闻欺大鸟，
昆鸡长笑老鹰非。
君今不幸离人世，
国有疑难可问谁？

罗荣桓的逝世，引起了全党全军全国人民的巨大悲痛。

12月22日，首都各界在人民大会堂举行隆重的公祭大会。大会宣读的悼词说："罗荣桓同志对中国人民解放事业的不可磨灭的贡献，全党全军和全国人民都将永远不忘。他的坚定的无产阶级立场、伟大的革命斗争精神和深入实际、联系群众、艰苦朴素的作风，永远值得全党全军和全国人民学习。"